Aprendo
a leer y escribir
Método fonético silábico

Autora: Mónica Sarmiento  Ilustradora: Agustina Lopes

Este libro es de:

....

Published by Mónica Sarmiento
E-mail: mssarmiento@hotmail.com
Menlo Park, CA 94025

Copyright © 2020 Mónica Sarmiento
Illustrations © 2020 Agustina Lopes
All rights reserved. No part of this book may be reproduced
in any form or by any electronic or mechanical means.

Library of Congress Cataloging-in-Publication Data

Mónica Sarmiento, Author
Agustina Lopes, Illustrator

ISBN: 978-1-7346665-5-7
Printed in the United States of America. First Edition

Aprendo a Leer y Escribir is a book based on the Phonetic Syllabic Method, that provides children with a series of carefully thought out and well-sequenced activities that will ensure their success in learning to read and write in Spanish. With its emphasis on the syllable as the basic unit of reading instruction and the letter-sound associations that define this unit, the phonetic-syllabic approach is particularly well suited to teach reading and writing in Spanish.

The reasons are twofold:

1. Spanish is an alphabetic language. This means that there is a near-perfect correspondence between the sounds of the language and the letters that represent those sounds. Students of Spanish can easily infer the sounds of words based on their orthographic representation.

2. Spanish is a syllabic language. A syllable is a sound unit that can be easily learned. Syllables are easier for children to pronounce and to recognize than the letters of the alphabet. For this reason, teaching children to read Spanish by teaching letters in isolation is ineffective.

Instructional Method

Aprendo a Leer y Escribir is based on a phonetic-syllabic method that has been adopted and refined by the author in over thirty years of teaching children Spanish reading and writing in a variety of settings. The phonetic-syllabic approach proposed here can be described as a synthetic-phonic method of reading instruction. Students are taught groups of letter-sound associations or syllables. Syllables are the basic building blocks that students learn to manipulate by creatively combining them with other syllables to create new words.

A key component of the Phonetic Syllabic Method in **Aprendo a Leer y Escribir**, is that each new syllable introduced always appears in an initial position in the word. This makes the auditory discrimination, reproduction, and memorization of the syllable easier. In **Aprendo a leer y escribir** Book 6, every word has an illustration as visual support to facilitate the understanding of each read word.

How is this method used in Aprendo a Leer y escribir Book 6 ?

In **Aprendo a leer y escribir** books 1 to 5, students learn to read and write two direct syllable words. In book 6, students review words with every direct syllable (consonant + vowel) previously learned and introduces new two and three-syllable words. The words are repeated several times throughout the different activities, which facilitates their memorization, and thus the enrichment of the child's vocabulary. By the end of **Book 6**, the child will have learned more than 200 new words.

Aprendo a Leer y Escribir es un libro basado en el Método Fonético Silábico, que proporciona a los niños una serie de actividades cuidadosamente pensadas y bien secuenciadas que asegurarán su éxito en el aprendizaje de la lectura y escritura en español. Con su énfasis en la sílaba como la unidad básica de instrucción de lectura y las asociaciones de letras y sonidos que definen esta unidad, el enfoque fonético-silábico es particularmente adecuado para enseñar a leer y escribir en español.

Las razones son dos:

1. El español es un idioma alfabético. Esto significa que existe una correspondencia casi perfecta entre los sonidos del idioma y las letras que representan esos sonidos. Los estudiantes de español pueden inferir fácilmente los sonidos de las palabras basándose en su representación ortográfica.

2. El español es una lengua silábica. Una sílaba es una unidad de sonido que se puede aprender fácilmente. Las sílabas son más fáciles de pronunciar y reconocer para los niños que las letras del alfabeto. Por esta razón, enseñar a los niños a leer español enseñándoles letras de forma aislada es ineficaz.

Método de instrucción

Aprendo a Leer y Escribir se basa en un método fonético-silábico que ha sido adoptado y perfeccionado por la autora en más de treinta años de enseñar a los niños a leer y escribir en español en una variedad de entornos educativos. El enfoque fonético-silábico propuesto aquí puede describirse como un método sintético-fónico de instrucción lectora. A los estudiantes se les enseñan grupos de asociaciones de letras y sonidos ó sílabas. Las sílabas son los bloques de construcción básicos que los estudiantes aprenden a manipular combinándolos creativamente con otras sílabas para crear nuevas palabras. Una componente clave del Método Fonético Silábico en **Aprendo a Leer y Escribir**, es que cada nueva sílaba introducida siempre aparece en posición inicial en la palabra. Esto facilita la discriminación auditiva, la reproducción y la memorización de la sílaba. En **Aprendo a leer y escribir** Libro 6, cada palabra tiene una ilustración como soporte visual para facilitar la comprensión de cada palabra leída.

¿Cómo se utiliza este método en Aprendo a Leer y escribir Libro 6?

En **Aprendo a leer y escribir** libros 1 a 5, los alumnos aprenden a leer y escribir palabras de dos sílabas directas. En el libro 6, los estudiantes repasan palabras con cada sílaba directa (consonante + vocal) previamente aprendidas e introduce nuevas palabras de dos y tres sílabas. Las palabras se repiten varias veces a lo largo de las diferentes actividades, lo que facilita su memorización y, por tanto, el enriquecimiento del vocabulario del niño.
Al final del **Libro 6**, el niño habrá aprendido más de 200 palabras nuevas.

Book 6

ORDENA LAS LETRAS PARA FORMAR LAS PALABRAS.

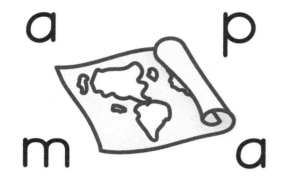

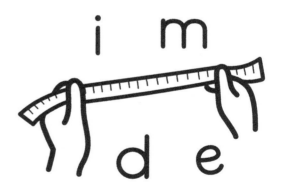

JUNTA LAS SÍLABAS PARA FORMAR PALABRAS Y ESCRÍBELAS EN LOS ESPACIOS EN BLANCO.
LAS PALABRAS LAS APRENDISTE EN LA PÁGINA ANTERIOR.

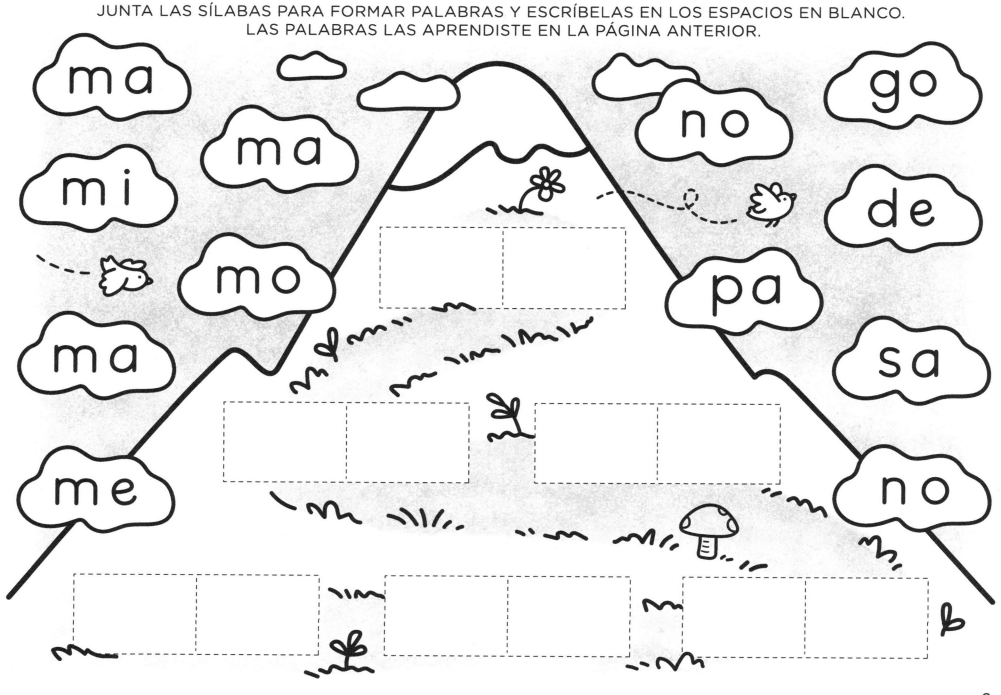

COMPLETA LAS PALABRAS CON LAS VOCALES QUE FALTAN. ESCRIBE LAS SILABAS EN LAS CAJITAS PARA FORMAR LA PALABRA. ESCRIBE LA PALABRA COMPLETA SOBRE LA LÍNEA.

SOPA DE SÍLABAS. FORMA PALABRAS CON LAS SÍLABAS QUE ENCUENTRAS EN EL PLATO DE SOPA. LAS PALABRAS LAS APRENDISTE EN LA PÁGINA ANTERIOR.

JUEGO: CUATRO EN LÍNEA. NECESITAS UN AMIGO Y DOS LÁPICES DE COLORES O FICHAS DE DOS COLORES. COMIENZAS COLOREANDO UN CÍRCULO DE LA LÍNEA INFERIOR. LEE LA PALABRA. TOMAN TURNOS. EL PRIMERO EN COLOREAR 4 CÍRCULOS EN LÍNEA GANA.

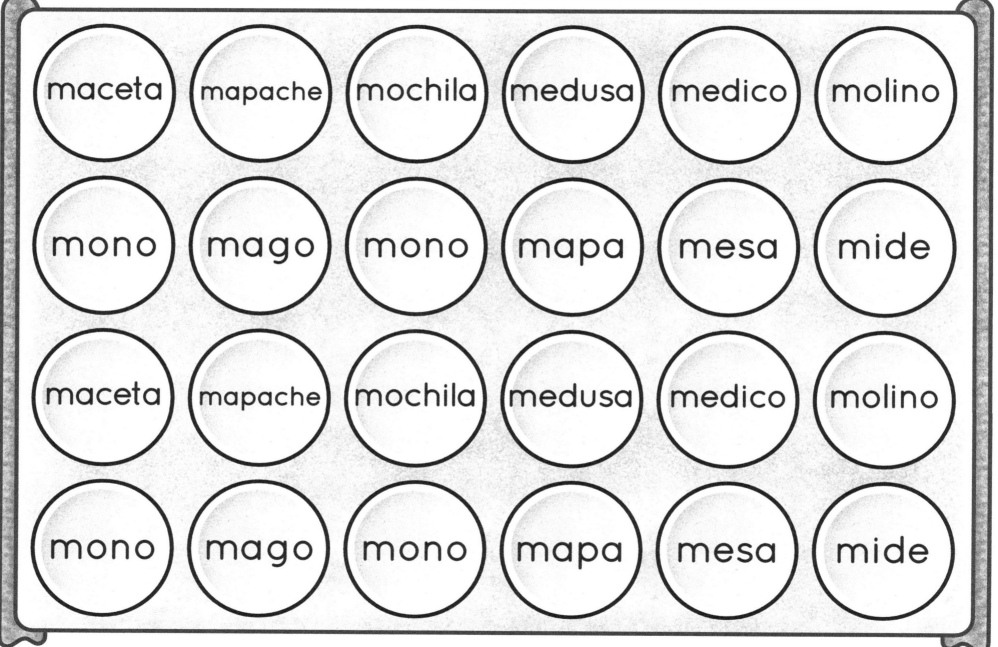

ORDENA LAS LETRAS PARA FORMAR LAS PALABRAS.

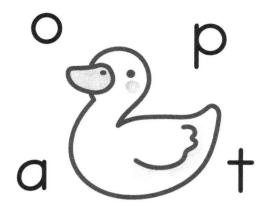
o p
a t

p l
a a

p o
a v

a p
r e

p i
ñ a

ll p
o o

JUNTA LAS SÍLABAS PARA FORMAR PALABRAS Y ESCRÍBELAS EN LOS ESPACIOS EN BLANCO.
LAS PALABRAS LAS APRENDISTE EN LA PÁGINA ANTERIOR.

- pi
- pa
- po
- pa
- pe
- pa

- vo
- la
- llo
- to
- ra
- ña

COMPLETA LAS PALABRAS CON LAS VOCALES QUE FALTAN. ESCRIBE LAS SILABAS EN LAS CAJITAS PARA FORMAR LA PALABRA. ESCRIBE LA PALABRA COMPLETA SOBRE LA LÍNEA.

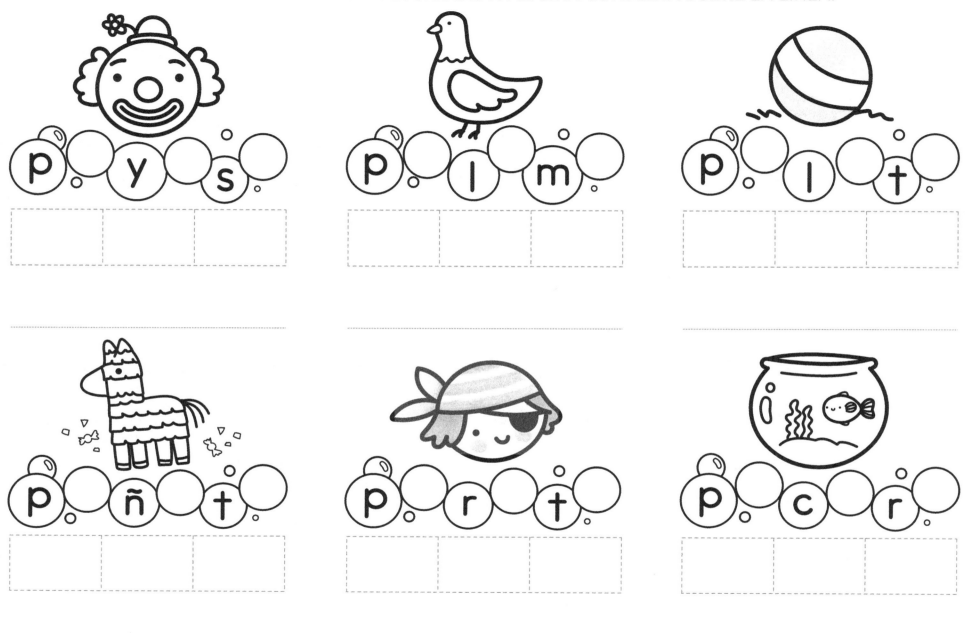

SOPA DE SÍLABAS. FORMA PALABRAS CON LAS SÍLABAS QUE ENCUENTRAS EN EL PLATO DE SOPA. LAS PALABRAS LAS APRENDISTE EN LA PÁGINA ANTERIOR.

JUEGO: CUATRO EN LÍNEA. NECESITAS UN AMIGO Y DOS LÁPICES DE COLORES O FICHAS DE DOS COLORES. COMIENZAS COLOREANDO UN CÍRCULO DE LA LÍNEA INFERIOR. LEE LA PALABRA. TOMAN TURNOS. EL PRIMERO EN COLOREAR 4 CÍRCULOS EN LÍNEA GANA.

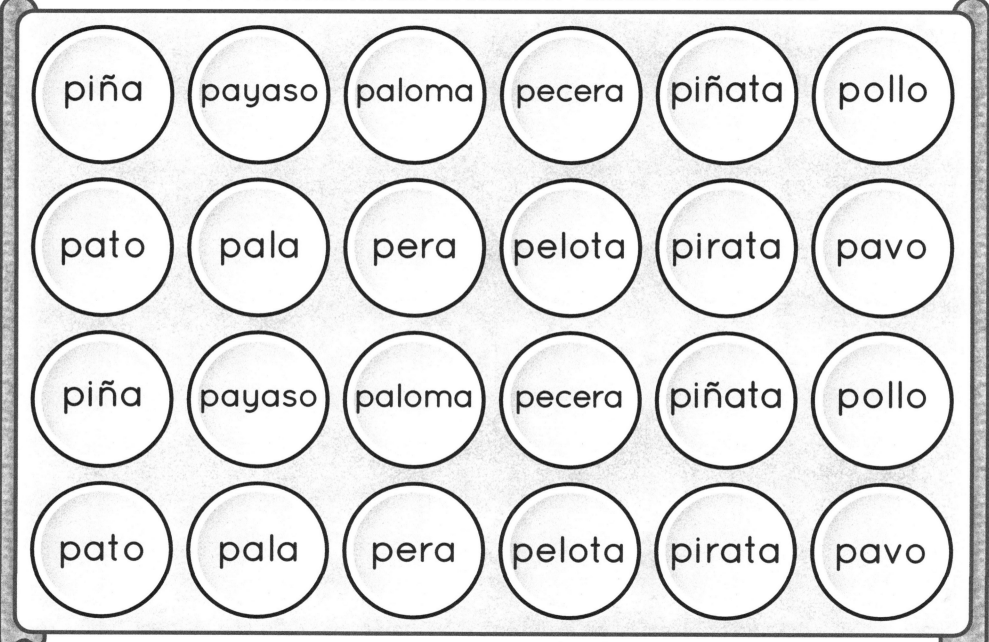

ORDENA LAS LETRAS PARA FORMAR LAS PALABRAS.

p   a

s   o

o   c

a   s

f   o
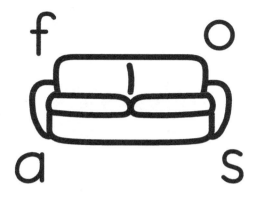
a   s

_____

_____

_____

ll   i

s   a

o   p

a   s

m   a
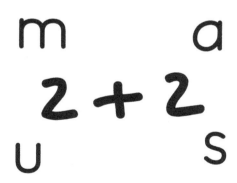
u   s

_____

_____

_____

JUNTA LAS SÍLABAS PARA FORMAR PALABRAS Y ESCRÍBELAS EN LOS ESPACIOS EN BLANCO.
LAS PALABRAS LAS APRENDISTE EN LA PÁGINA ANTERIOR.

COMPLETA LAS PALABRAS CON LAS VOCALES QUE FALTAN. ESCRIBE LAS SÍLABAS EN LAS CAJITAS PARA FORMAR LA PALABRA. ESCRIBE LA PALABRA COMPLETA SOBRE LA LÍNEA.

SOPA DE SÍLABAS. FORMA PALABRAS CON LAS SÍLABAS QUE ENCUENTRAS EN EL PLATO DE SOPA. LAS PALABRAS LAS APRENDISTE EN LA PÁGINA ANTERIOR.

JUEGO: CUATRO EN LÍNEA. NECESITAS UN AMIGO Y DOS LÁPICES DE COLORES O FICHAS DE DOS COLORES. COMIENZAS COLOREANDO UN CÍRCULO DE LA LÍNEA INFERIOR. LEE LA PALABRA. TOMAN TURNOS. EL PRIMERO EN COLOREAR 4 CÍRCULOS EN LÍNEA GANA.

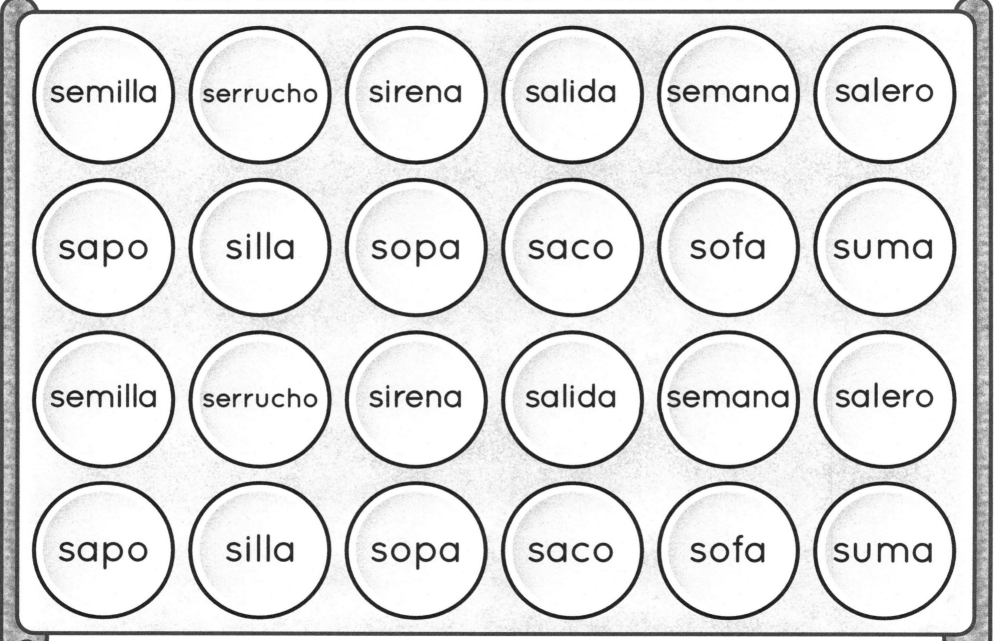

ORDENA LAS LETRAS PARA FORMAR LAS PALABRAS.

 a t z a

 x i a t

 t o a c

___ ___ ___ ___

 ch e t o

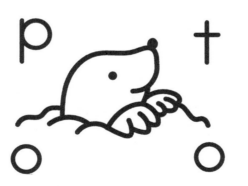 p t o o

 rr o e t

___ ___ ___ ___

JUNTA LAS SÍLABAS PARA FORMAR PALABRAS Y ESCRÍBELAS EN LOS ESPACIOS EN BLANCO. LAS PALABRAS LAS APRENDISTE EN LA PÁGINA ANTERIOR.

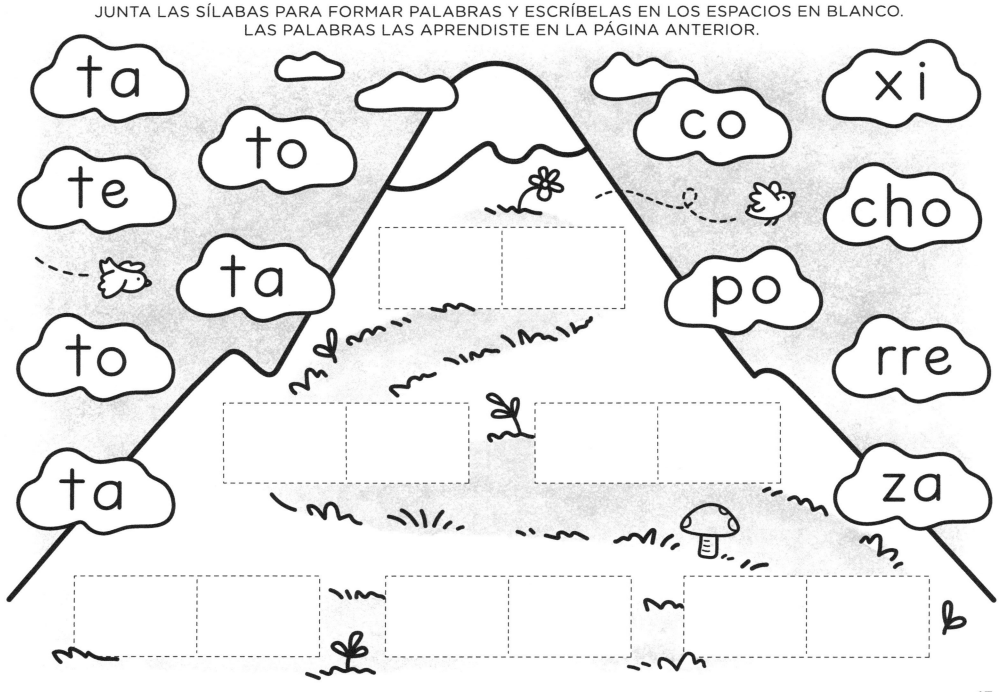

COMPLETA LAS PALABRAS CON LAS VOCALES QUE FALTAN. ESCRIBE LAS SILABAS EN LAS CAJITAS PARA FORMAR LA PALABRA. ESCRIBE LA PALABRA COMPLETA SOBRE LA LÍNEA.

SOPA DE SÍLABAS. FORMA PALABRAS CON LAS SÍLABAS QUE ENCUENTRAS EN EL PLATO DE SOPA. LAS PALABRAS LAS APRENDISTE EN LA PÁGINA ANTERIOR.

JUEGO: CUATRO EN LÍNEA. NECESITAS UN AMIGO Y DOS LÁPICES DE COLORES O FICHAS DE DOS COLORES. COMIENZAS COLOREANDO UN CÍRCULO DE LA LÍNEA INFERIOR. LEE LA PALABRA. TOMAN TURNOS. EL PRIMERO EN COLOREAR 4 CÍRCULOS EN LÍNEA GANA.

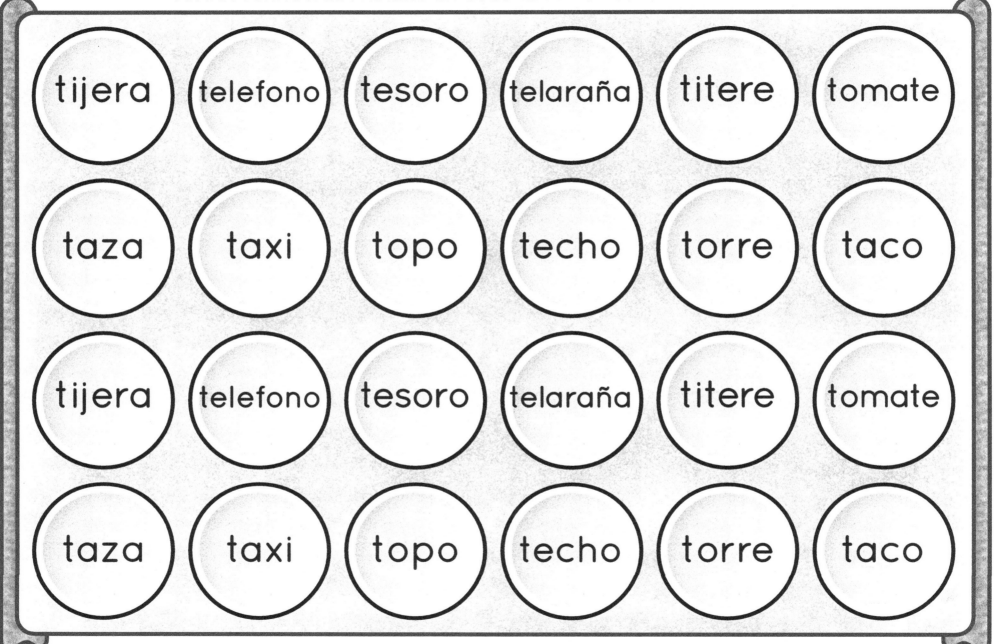

ORDENA LAS LETRAS PARA FORMAR LAS PALABRAS.

JUNTA LAS SÍLABAS PARA FORMAR PALABRAS Y ESCRÍBELAS EN LOS ESPACIOS EN BLANCO.
LAS PALABRAS LAS APRENDISTE EN LA PÁGINA ANTERIOR.

COMPLETA LAS PALABRAS CON LAS VOCALES QUE FALTAN. ESCRIBE LAS SÍLABAS EN LAS CAJITAS PARA FORMAR LA PALABRA. ESCRIBE LA PALABRA COMPLETA SOBRE LA LÍNEA.

SOPA DE SÍLABAS. FORMA PALABRAS CON LAS SÍLABAS QUE ENCUENTRAS EN EL PLATO DE SOPA. LAS PALABRAS LAS APRENDISTE EN LA PÁGINA ANTERIOR.

JUEGO: CUATRO EN LÍNEA. NECESITAS UN AMIGO Y DOS LAPICES DE COLORES O FICHAS DE DOS COLORES. COMIENZAS COLOREANDO UN CÍRCULO DE LA LÍNEA INFERIOR. LEE LA PALABRA. TOMAN TURNOS. EL PRIMERO EN COLOREAR 4 CÍRCULOS EN LÍNEA GANA.

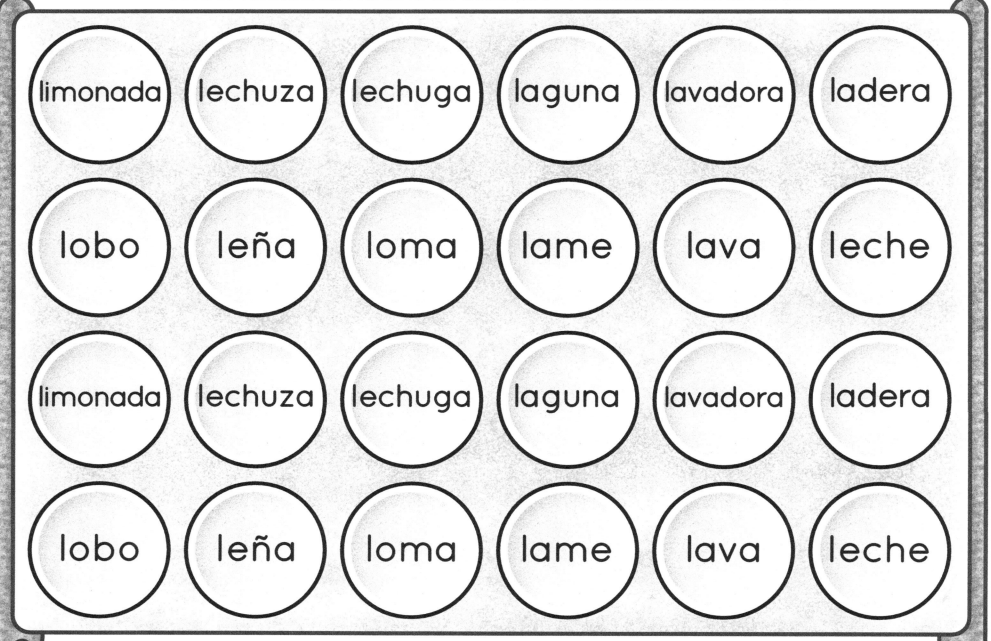

ORDENA LAS LETRAS PARA FORMAR LAS PALABRAS.

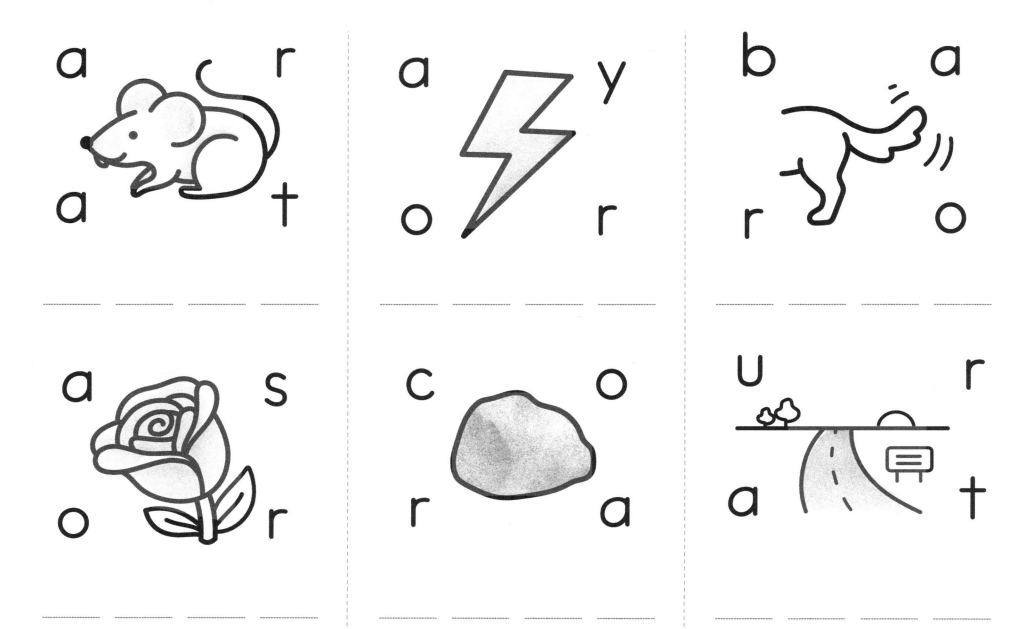

JUNTA LAS SÍLABAS PARA FORMAR PALABRAS Y ESCRÍBELAS EN LOS ESPACIOS EN BLANCO.
LAS PALABRAS LAS APRENDISTE EN LA PÁGINA ANTERIOR.

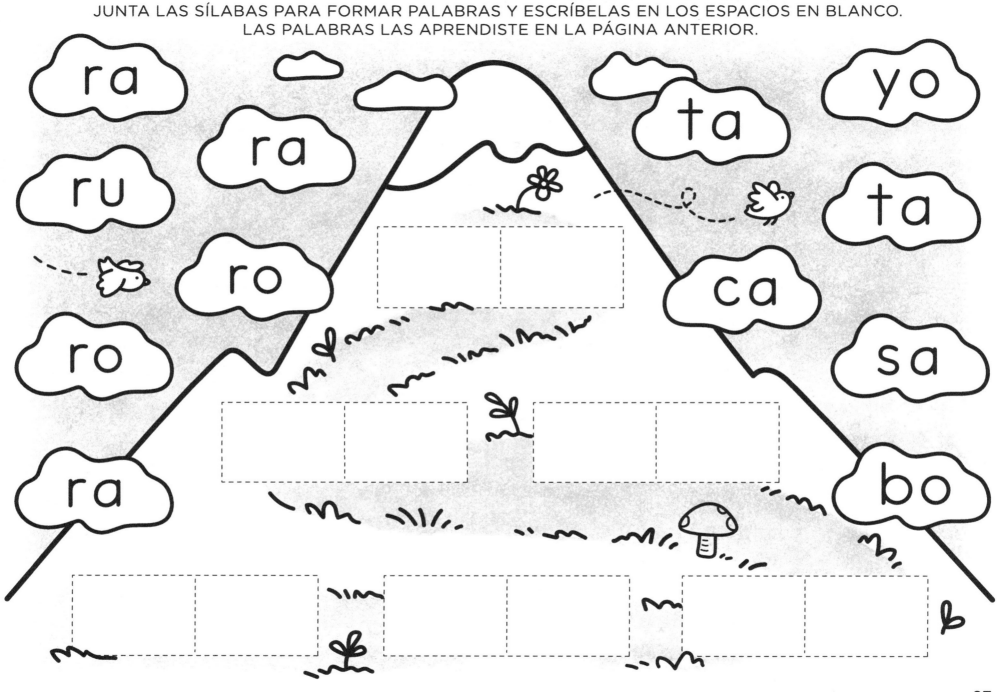

COMPLETA LAS PALABRAS CON LAS VOCALES QUE FALTAN. ESCRIBE LAS SÍLABAS EN LAS CAJITAS PARA FORMAR LA PALABRA. ESCRIBE LA PALABRA COMPLETA SOBRE LA LÍNEA.

r _ qu _ t _

r _ g _ l _

r _ c _ t _

r _ m _ l _ ch _

SOPA DE SÍLABAS. FORMA PALABRAS CON LAS SÍLABAS QUE ENCUENTRAS EN EL PLATO DE SOPA. LAS PALABRAS LAS APRENDISTE EN LA PÁGINA ANTERIOR.

JUEGO: CUATRO EN LÍNEA. NECESITAS UN AMIGO Y DOS LÁPICES DE COLORES O FICHAS DE DOS COLORES. COMIENZAS COLOREANDO UN CÍRCULO DE LA LÍNEA INFERIOR. LEE LA PALABRA. TOMAN TURNOS. EL PRIMERO EN COLOREAR 4 CÍRCULOS EN LÍNEA GANA.

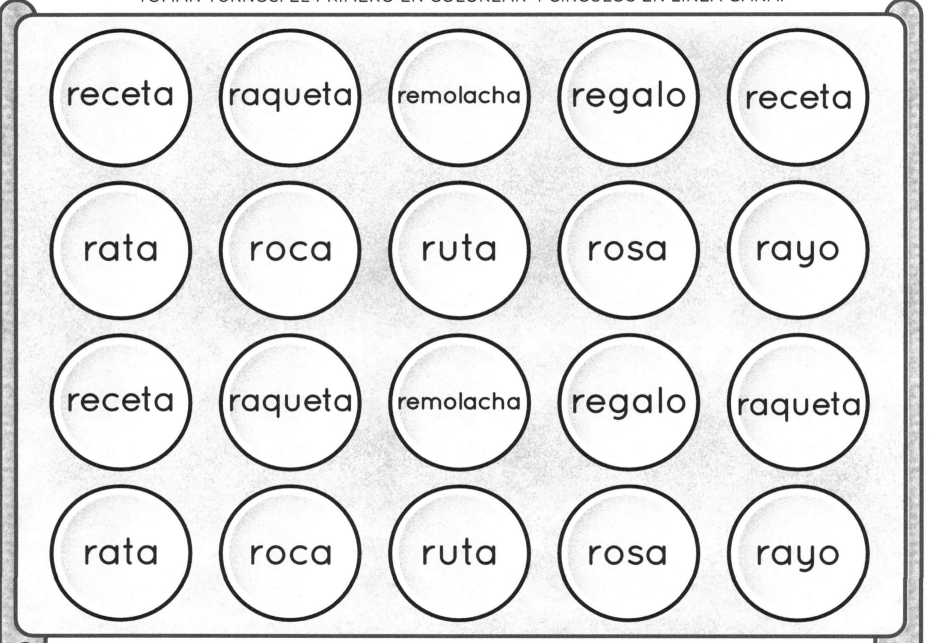

ORDENA LAS LETRAS PARA FORMAR LAS PALABRAS.

d n i o

a n ñ i

v a n e

e ch o n

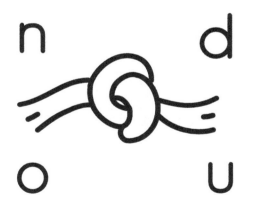
n d o u

u n b e

JUNTA LAS SÍLABAS PARA FORMAR PALABRAS Y ESCRÍBELAS EN LOS ESPACIOS EN BLANCO.
LAS PALABRAS LAS APRENDISTE EN LA PÁGINA ANTERIOR.

nu — ni — nu — na

ni — no

do — ve — ña — che — do — be

COMPLETA LAS PALABRAS CON LAS VOCALES QUE FALTAN. ESCRIBE LAS SILABAS EN LAS CAJITAS PARA FORMAR LA PALABRA. ESCRIBE LA PALABRA COMPLETA SOBRE LA LÍNEA.

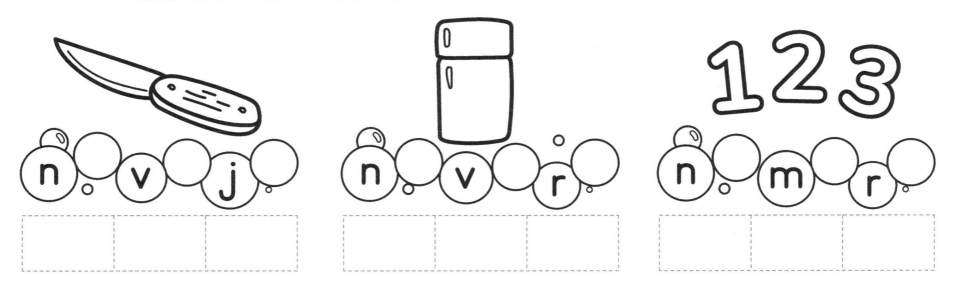

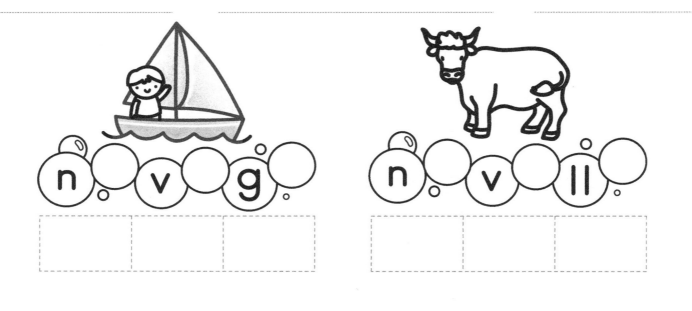

SOPA DE SÍLABAS. FORMA PALABRAS CON LAS SÍLABAS QUE ENCUENTRAS EN EL PLATO DE SOPA. LAS PALABRAS LAS APRENDISTE EN LA PÁGINA ANTERIOR.

JUEGO: CUATRO EN LÍNEA. NECESITAS UN AMIGO Y DOS LAPICES DE COLORES O FICHAS DE DOS COLORES. COMIENZAS COLOREANDO UN CÍRCULO DE LA LÍNEA INFERIOR. LEE LA PALABRA. TOMAN TURNOS. EL PRIMERO EN COLOREAR 4 CÍRCULOS EN LÍNEA GANA.

ORDENA LAS LETRAS PARA FORMAR LAS PALABRAS.

b e  t o	a e 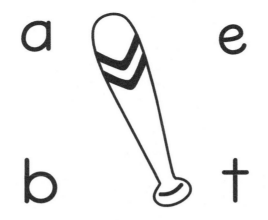 b t	a ñ  o b
a d  b u	qu b  e u	b a  o d

JUNTA LAS SÍLABAS PARA FORMAR PALABRAS Y ESCRÍBELAS EN LOS ESPACIOS EN BLANCO.
LAS PALABRAS LAS APRENDISTE EN LA PÁGINA ANTERIOR.

ba
bu
bo
ba
bu
bo

te
te
da
que
da
ño

COMPLETA LAS PALABRAS CON LAS VOCALES QUE FALTAN. ESCRIBE LAS SÍLABAS EN LAS CAJITAS PARA FORMAR LA PALABRA. ESCRIBE LA PALABRA COMPLETA SOBRE LA LÍNEA.

SOPA DE SÍLABAS. FORMA PALABRAS CON LAS SÍLABAS QUE ENCUENTRAS EN EL PLATO DE SOPA. LAS PALABRAS LAS APRENDISTE EN LA PÁGINA ANTERIOR.

JUEGO: CUATRO EN LÍNEA. NECESITAS UN AMIGO Y DOS LÁPICES DE COLORES O FICHAS DE DOS COLORES. COMIENZAS COLOREANDO UN CÍRCULO DE LA LÍNEA INFERIOR. LEE LA PALABRA. TOMAN TURNOS. EL PRIMERO EN COLOREAR 4 CÍRCULOS EN LÍNEA GANA.

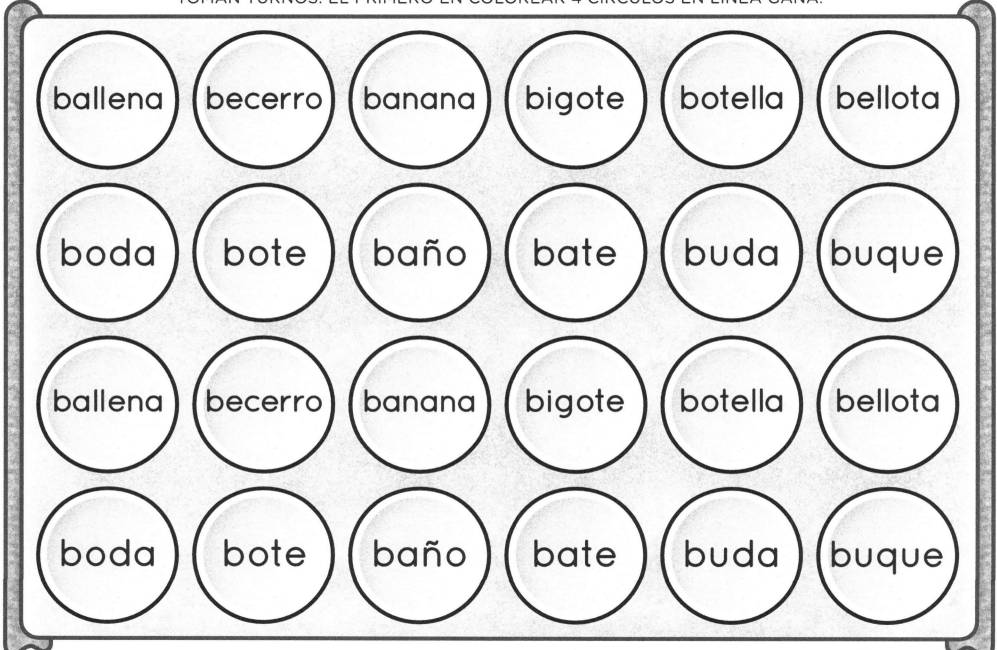

ORDENA LAS LETRAS PARA FORMAR LAS PALABRAS.

f c
a o

a r
f o

c o
o f
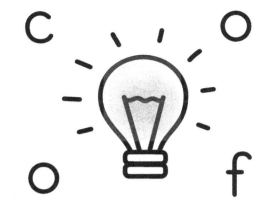

___ ___ ___

a f
e ch

o f
o t

f i
a l

___ ___ ___

JUNTA LAS SÍLABAS PARA FORMAR PALABRAS Y ESCRÍBELAS EN LOS ESPACIOS EN BLANCO. LAS PALABRAS LAS APRENDISTE EN LA PÁGINA ANTERIOR.

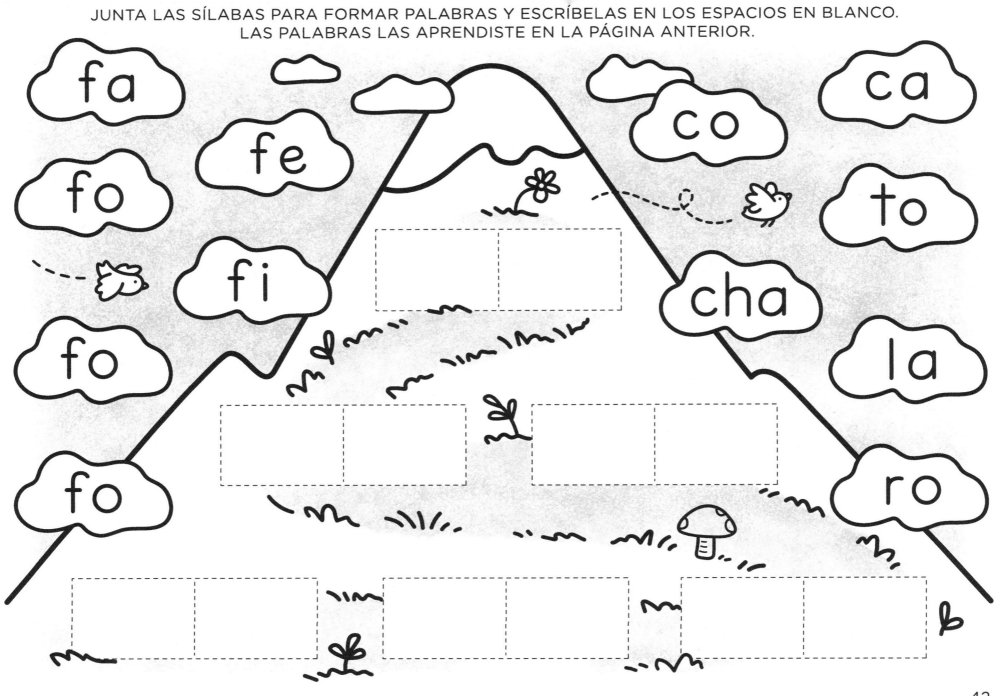

COMPLETA LAS PALABRAS CON LAS VOCALES QUE FALTAN. ESCRIBE LAS SILABAS EN LAS CAJITAS PARA FORMAR LA PALABRA. ESCRIBE LA PALABRA COMPLETA SOBRE LA LÍNEA.

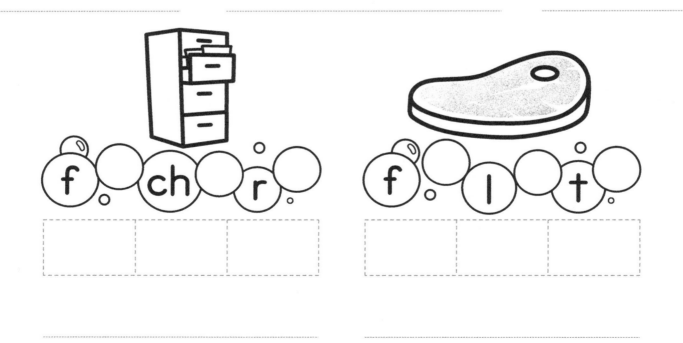

SOPA DE SÍLABAS. FORMA PALABRAS CON LAS SÍLABAS QUE ENCUENTRAS EN EL PLATO DE SOPA. LAS PALABRAS LAS APRENDISTE EN LA PÁGINA ANTERIOR.

JUEGO: CUATRO EN LÍNEA. NECESITAS UN AMIGO Y DOS LAPICES DE COLORES O FICHAS DE DOS COLORES. COMIENZAS COLOREANDO UN CÍRCULO DE LA LÍNEA INFERIOR. LEE LA PALABRA. TOMAN TURNOS. EL PRIMERO EN COLOREAR 4 CÍRCULOS EN LÍNEA GANA.

ORDENA LAS LETRAS PARA FORMAR LAS PALABRAS.

JUNTA LAS SÍLABAS PARA FORMAR PALABRAS Y ESCRÍBELAS EN LOS ESPACIOS EN BLANCO.
LAS PALABRAS LAS APRENDISTE EN LA PÁGINA ANTERIOR.

- de
- da
- do
- da
- di
- du
- do
- que
- do
- na
- ma
- ce

COMPLETA LAS PALABRAS CON LAS VOCALES QUE FALTAN. ESCRIBE LAS SÍLABAS EN LAS CASITAS PARA FORMAR LA PALABRA. ESCRIBE LA PALABRA COMPLETA SOBRE LA LÍNEA.

SOPA DE SÍLABAS. FORMA PALABRAS CON LAS SÍLABAS QUE ENCUENTRAS EN EL PLATO DE SOPA. LAS PALABRAS LAS APRENDISTE EN LA PÁGINA ANTERIOR.

JUEGO: CUATRO EN LÍNEA. NECESITAS UN AMIGO Y DOS LÁPICES DE COLORES O FICHAS DE DOS COLORES. COMIENZAS COLOREANDO UN CÍRCULO DE LA LÍNEA INFERIOR. LEE LA PALABRA. TOMAN TURNOS. EL PRIMERO EN COLOREAR 4 CÍRCULOS EN LÍNEA GANA.

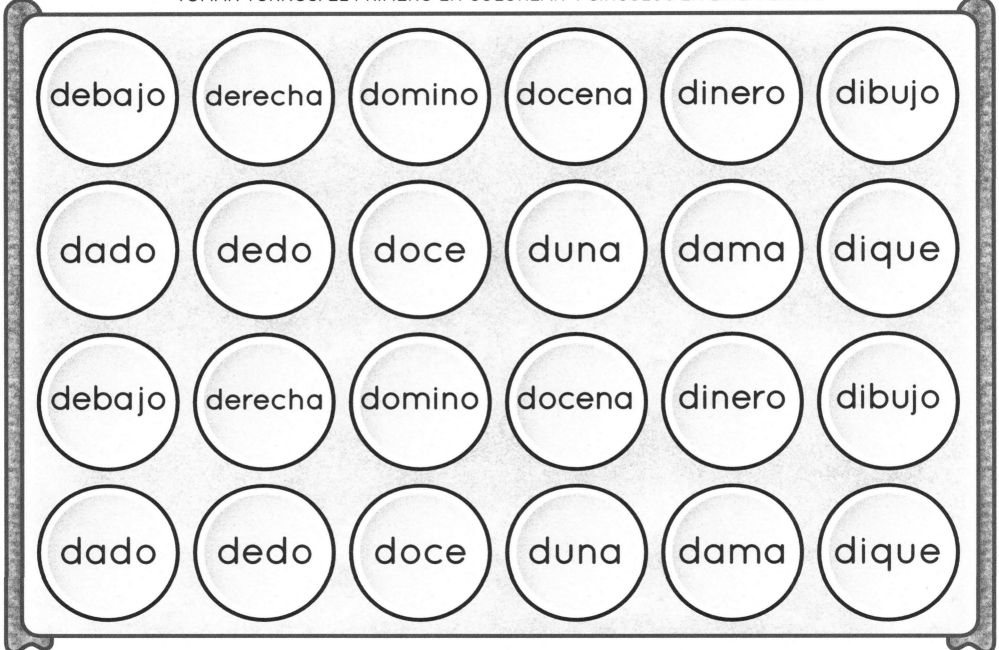

ORDENA LAS LETRAS PARA FORMAR LAS PALABRAS.

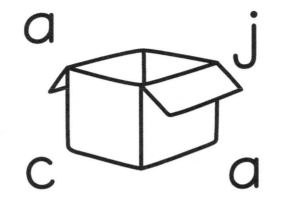

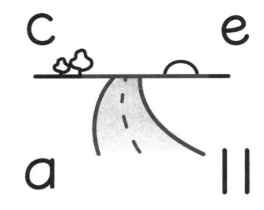

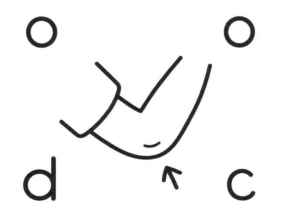

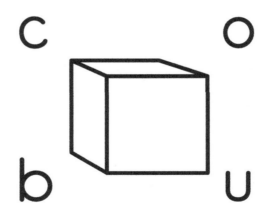

JUNTA LAS SÍLABAS PARA FORMAR PALABRAS Y ESCRÍBELAS EN LOS ESPACIOS EN BLANCO.
LAS PALABRAS LAS APRENDISTE EN LA PÁGINA ANTERIOR.

co · ca · ca · co · cu · ca · sa · la · lle · bo · do · ja

COMPLETA LAS PALABRAS CON LAS VOCALES QUE FALTAN. ESCRIBE LAS SILABAS EN LAS CAJITAS PARA FORMAR LA PALABRA. ESCRIBE LA PALABRA COMPLETA SOBRE LA LÍNEA.

SOPA DE SÍLABAS. FORMA PALABRAS CON LAS SÍLABAS QUE ENCUENTRAS EN EL PLATO DE SOPA. LAS PALABRAS LAS APRENDISTE EN LA PÁGINA ANTERIOR.

JUEGO: CUATRO EN LÍNEA. NECESITAS UN AMIGO Y DOS LAPICES DE COLORES O FICHAS DE DOS COLORES. COMIENZAS COLOREANDO UN CÍRCULO DE LA LÍNEA INFERIOR. LEE LA PALABRA. TOMAN TURNOS. EL PRIMERO EN COLOREAR 4 CÍRCULOS EN LÍNEA GANA.

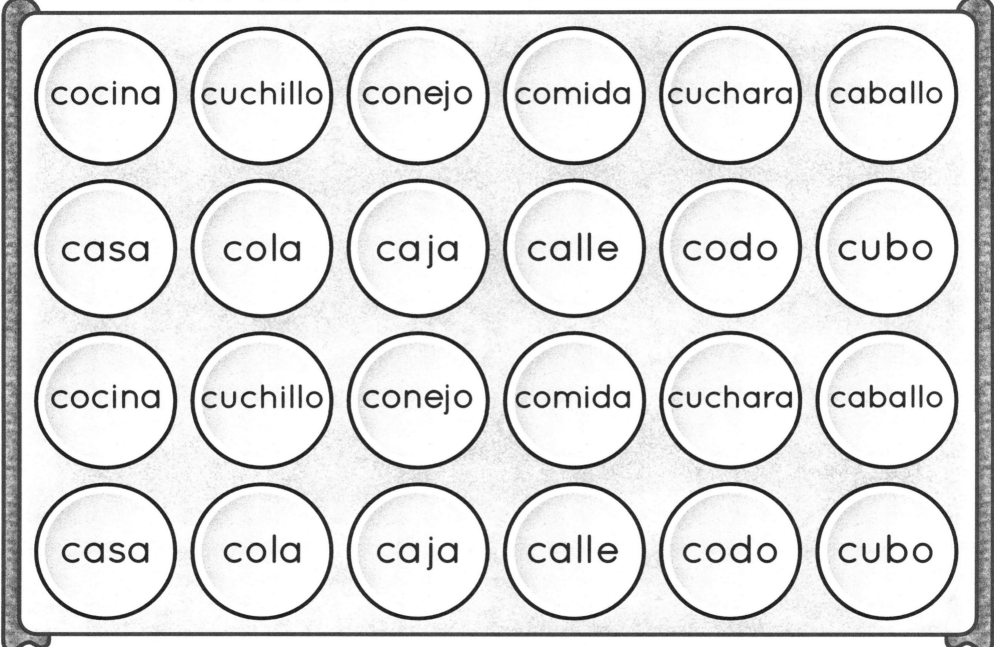

ORDENA LAS LETRAS PARA FORMAR LAS PALABRAS.

| e   a  n   c | o   qu  e   s | n   i  c   e |
| c   m  i   a | qu   a  e   m | c   r 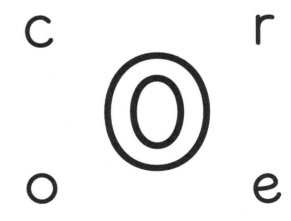 o   e |

JUNTA LAS SÍLABAS PARA FORMAR PALABRAS Y ESCRÍBELAS EN LOS ESPACIOS EN BLANCO. LAS PALABRAS LAS APRENDISTE EN LA PÁGINA ANTERIOR.

- ce
- ci
- que
- que
- ci
- ce
- na
- ma
- so
- ro
- ne
- ma

COMPLETA LAS PALABRAS CON LAS VOCALES QUE FALTAN. ESCRIBE LAS SÍLABAS EN LAS CAJITAS PARA FORMAR LA PALABRA. ESCRIBE LA PALABRA COMPLETA SOBRE LA LÍNEA.

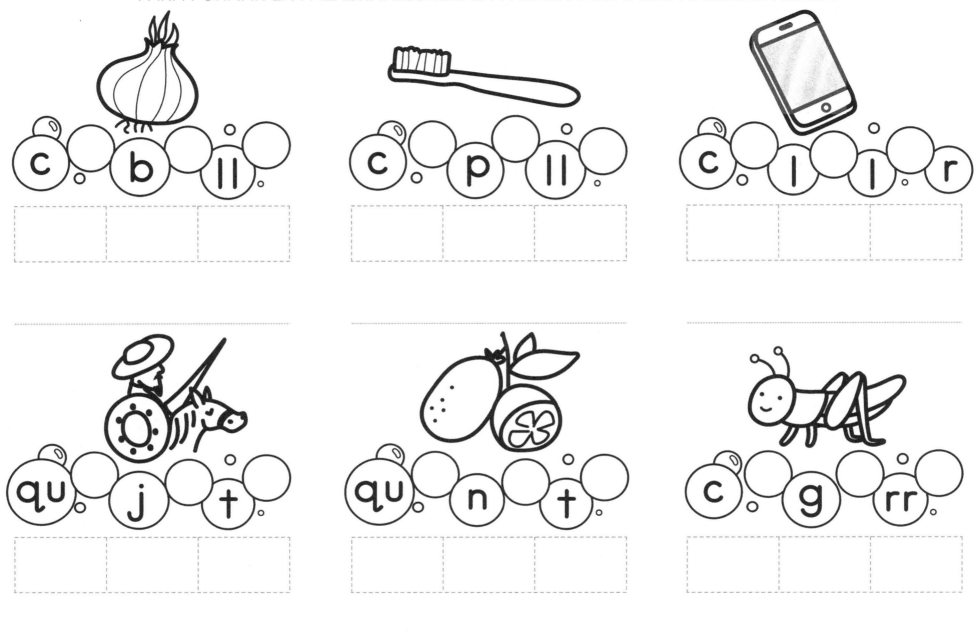

SOPA DE SÍLABAS. FORMA PALABRAS CON LAS SÍLABAS QUE ENCUENTRAS EN EL PLATO DE SOPA. LAS PALABRAS LAS APRENDISTE EN LA PÁGINA ANTERIOR.

JUEGO: CUATRO EN LÍNEA. NECESITAS UN AMIGO Y DOS LÁPICES DE COLORES O FICHAS DE DOS COLORES. COMIENZAS COLOREANDO UN CÍRCULO DE LA LÍNEA INFERIOR. LEE LA PALABRA. TOMAN TURNOS. EL PRIMERO EN COLOREAR 4 CÍRCULOS EN LÍNEA GANA.

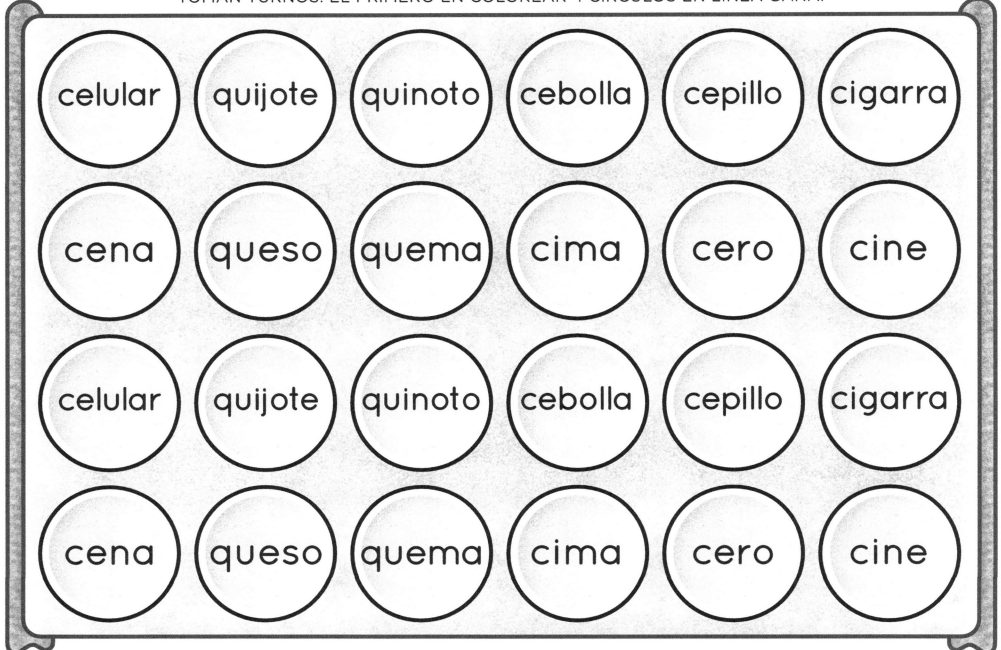

ORDENA LAS LETRAS PARA FORMAR LAS PALABRAS.

JUNTA LAS SÍLABAS PARA FORMAR PALABRAS Y ESCRÍBELAS EN LOS ESPACIOS EN BLANCO. LAS PALABRAS LAS APRENDISTE EN LA PÁGINA ANTERIOR.

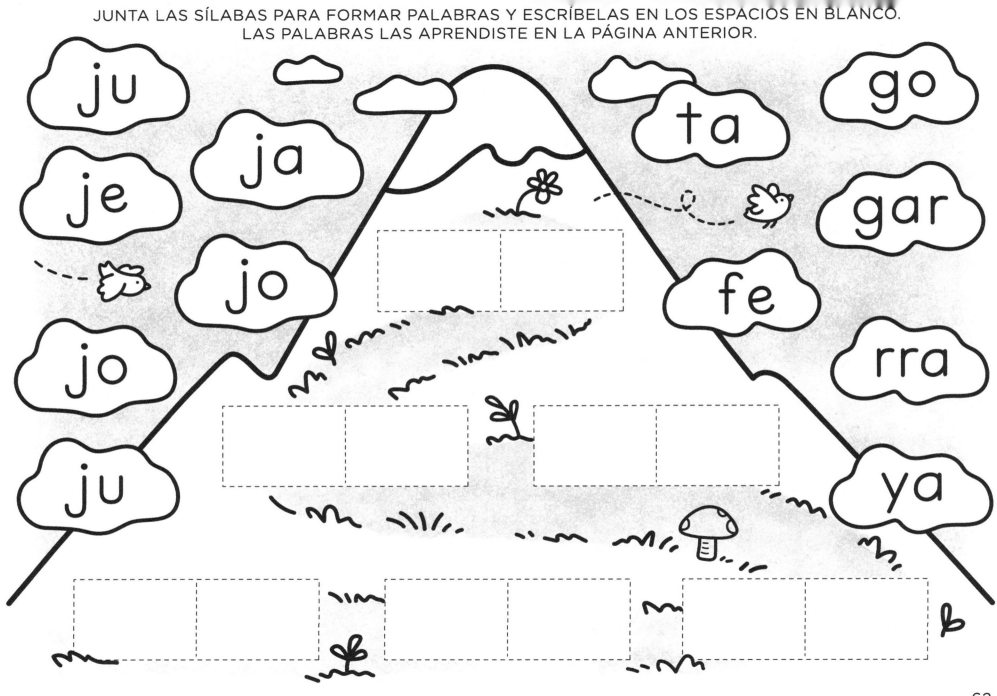

COMPLETA LAS PALABRAS CON LAS VOCALES QUE FALTAN. ESCRIBE LAS SILABAS EN LAS CAJITAS PARA FORMAR LA PALABRA. ESCRIBE LA PALABRA COMPLETA SOBRE LA LÍNEA.

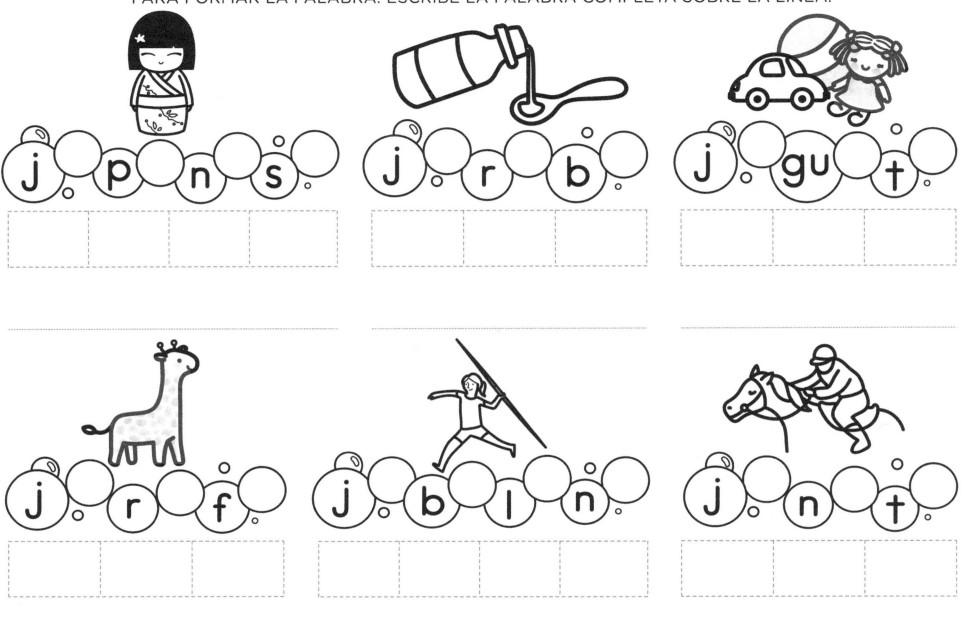

SOPA DE SÍLABAS. FORMA PALABRAS CON LAS SÍLABAS QUE ENCUENTRAS EN EL PLATO DE SOPA. LAS PALABRAS LAS APRENDISTE EN LA PÁGINA ANTERIOR.

JUEGO: CUATRO EN LÍNEA. NECESITAS UN AMIGO Y DOS LÁPICES DE COLORES O FICHAS DE DOS COLORES. COMIENZAS COLOREANDO UN CÍRCULO DE LA LÍNEA INFERIOR. LEE LA PALABRA. TOMAN TURNOS. EL PRIMERO EN COLOREAR 4 CÍRCULOS EN LÍNEA GANA.

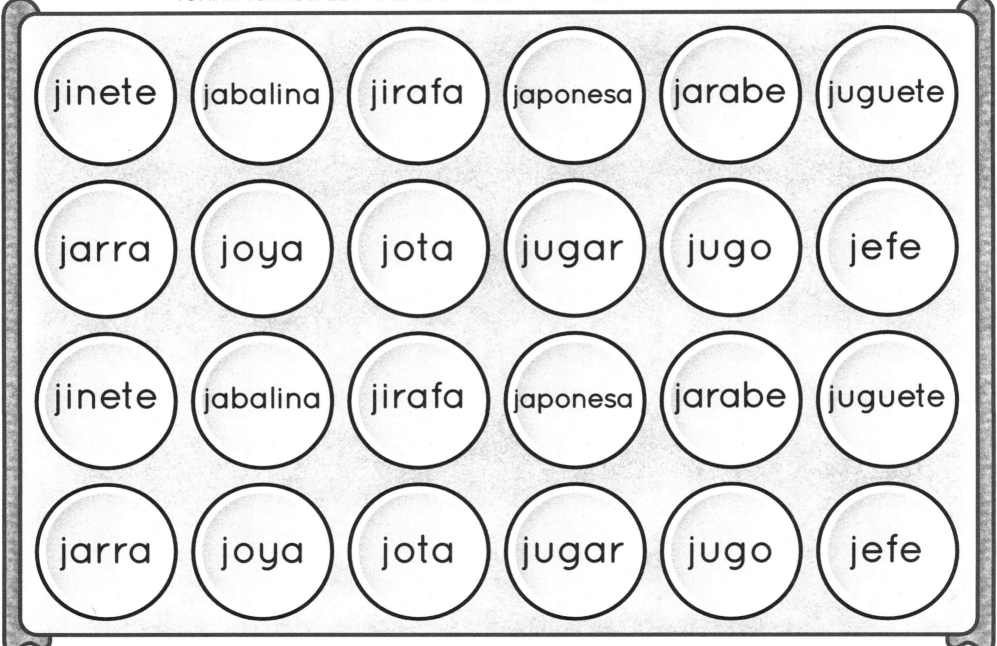

ORDENA LAS LETRAS PARA FORMAR LAS PALABRAS.

JUNTA LAS SÍLABAS PARA FORMAR PALABRAS Y ESCRÍBELAS EN LOS ESPACIOS EN BLANCO.
LAS PALABRAS LAS APRENDISTE EN LA PÁGINA ANTERIOR.

ga, ga, go, ga, ga, ga

rra, ta, to, rra, fas, llo

COMPLETA LAS PALABRAS CON LAS VOCALES QUE FALTAN. ESCRIBE LAS SÍLABAS EN LAS CAJITAS PARA FORMAR LA PALABRA. ESCRIBE LA PALABRA COMPLETA SOBRE LA LÍNEA.

SOPA DE SÍLABAS. FORMA PALABRAS CON LAS SÍLABAS QUE ENCUENTRAS EN EL PLATO DE SOPA. LAS PALABRAS LAS APRENDISTE EN LA PÁGINA ANTERIOR.

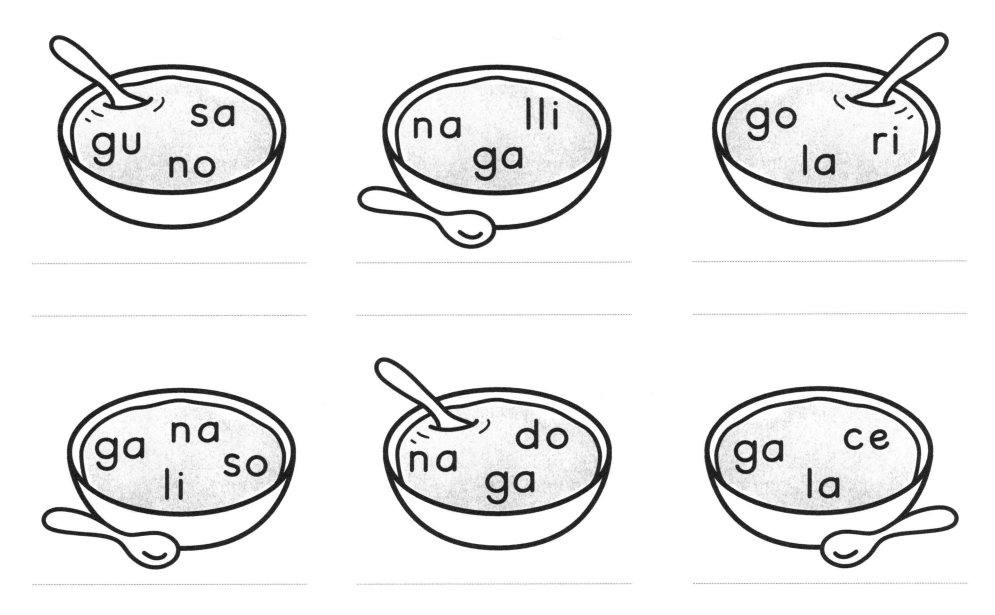

JUEGO: CUATRO EN LÍNEA. NECESITAS UN AMIGO Y DOS LÁPICES DE COLORES O FICHAS DE DOS COLORES. COMIENZAS COLOREANDO UN CÍRCULO DE LA LÍNEA INFERIOR. LEE LA PALABRA. TOMAN TURNOS. EL PRIMERO EN COLOREAR 4 CÍRCULOS EN LÍNEA GANA.

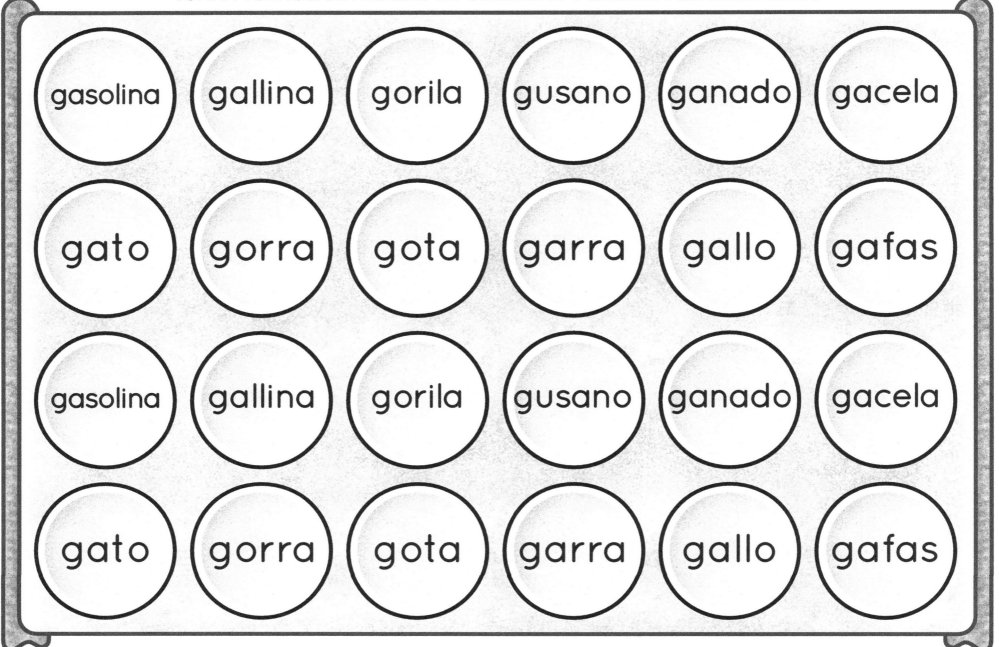

ORDENA LAS LETRAS PARA FORMAR LAS PALABRAS.

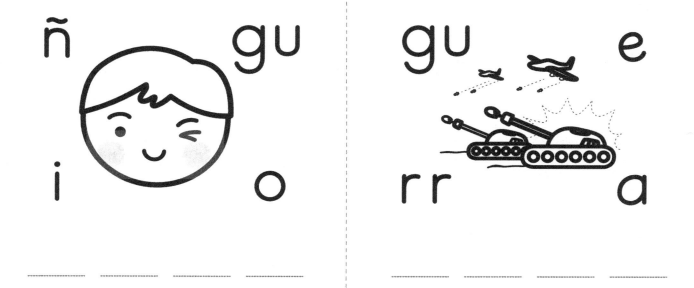

JUNTA LAS SÍLABAS PARA FORMAR PALABRAS Y ESCRÍBELAS EN LOS ESPACIOS EN BLANCO. LAS PALABRAS LAS APRENDISTE EN LA PÁGINA ANTERIOR.

COMPLETA LAS PALABRAS CON LAS VOCALES QUE FALTAN. ESCRIBE LAS SILABAS EN LAS CAJITAS PARA FORMAR LA PALABRA. ESCRIBE LA PALABRA COMPLETA SOBRE LA LÍNEA.

SOPA DE SÍLABAS. FORMA PALABRAS CON LAS SÍLABAS QUE ENCUENTRAS EN EL PLATO DE SOPA. LAS PALABRAS LAS APRENDISTE EN LA PÁGINA ANTERIOR.

JUEGO: CUATRO EN LÍNEA. NECESITAS UN AMIGO Y DOS LÁPICES DE COLORES O FICHAS DE DOS COLORES. COMIENZAS COLOREANDO UN CÍRCULO DE LA LÍNEA INFERIOR. LEE LA PALABRA. TOMAN TURNOS. EL PRIMERO EN COLOREAR 4 CÍRCULOS EN LÍNEA GANA.

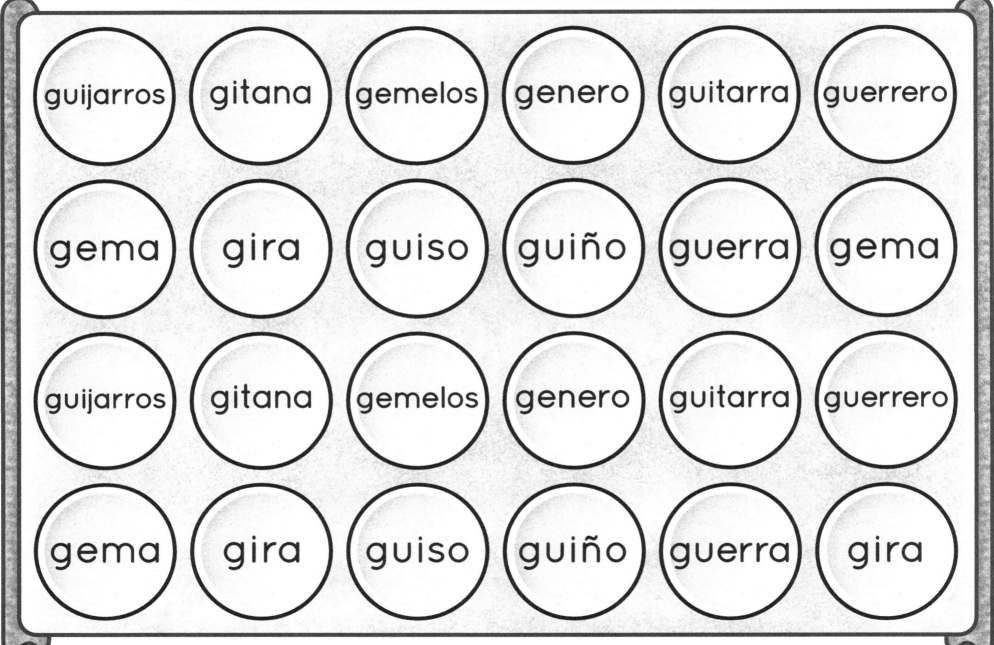

ORDENA LAS LETRAS PARA FORMAR LAS PALABRAS.

ch  e
l i

_____

v ch  e
i o

_____

ch  e
o l

_____

qu  e
ch e

_____

o qu
e ch

_____

ch  o
a z

_____

JUNTA LAS SÍLABAS PARA FORMAR PALABRAS Y ESCRÍBELAS EN LOS ESPACIOS EN BLANCO.
LAS PALABRAS LAS APRENDISTE EN LA PÁGINA ANTERIOR.

- che
- cho
- chi
- cho
- chi
- che
- le
- que
- que
- vo
- lo
- za

COMPLETA LAS PALABRAS CON LAS VOCALES QUE FALTAN. ESCRIBE LAS SÍLABAS EN LAS CASITAS PARA FORMAR LA PALABRA. ESCRIBE LA PALABRA COMPLETA SOBRE LA LÍNEA.

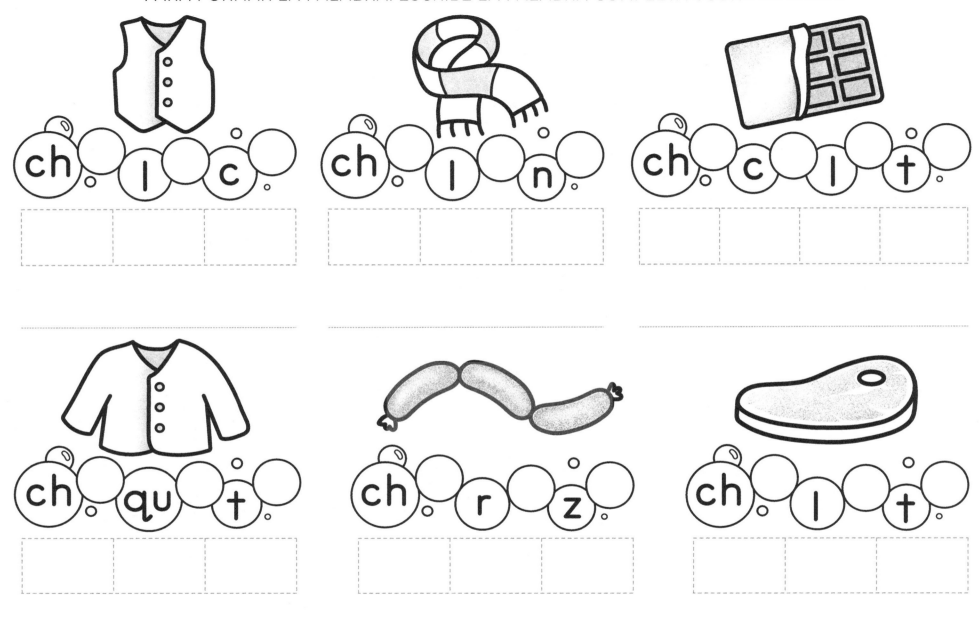

SOPA DE SÍLABAS. FORMA PALABRAS CON LAS SÍLABAS QUE ENCUENTRAS EN EL PLATO DE SOPA. LAS PALABRAS LAS APRENDISTE EN LA PÁGINA ANTERIOR.

JUEGO: CUATRO EN LÍNEA. NECESITAS UN AMIGO Y DOS LÁPICES DE COLORES DISTINTOS COLORES. COMIENZAS COLOREANDO UN CÍRCULO DE LA LÍNEA INFERIOR. LEE LA PALABRA. TOMAN TURNOS. EL PRIMERO EN COLOREAR 4 CÍRCULOS EN LÍNEA GANA.

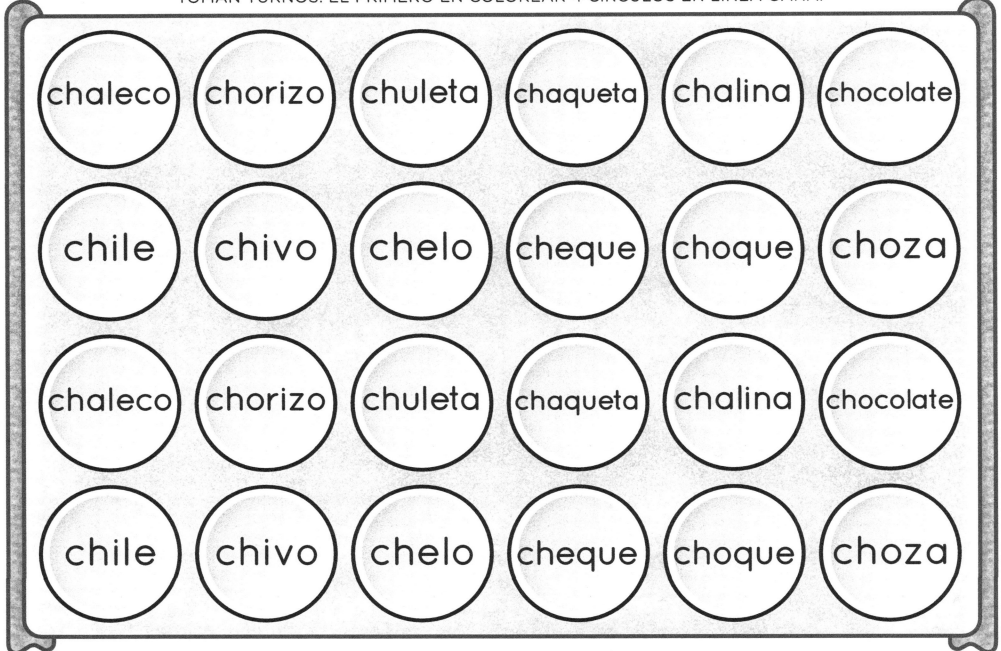

JUNTA LAS SÍLABAS PARA FORMAR PALABRAS Y ESCRÍBELAS EN LOS ESPACIOS EN BLANCO.
LAS PALABRAS LAS APRENDISTE EN LA PÁGINA ANTERIOR.

va • vo • vi • ve • va • ve • to • na • la • so • ca • no

COMPLETA LAS PALABRAS CON LAS VOCALES QUE FALTAN. ESCRIBE LAS SÍLABAS EN LAS CAJITAS PARA FORMAR LA PALABRA. ESCRIBE LA PALABRA COMPLETA SOBRE LA LÍNEA.

SOPA DE SÍLABAS. FORMA PALABRAS CON LAS SÍLABAS QUE ENCUENTRAS EN EL PLATO DE SOPA. LAS PALABRAS LAS APRENDISTE EN LA PÁGINA ANTERIOR.

JUEGO: CUATRO EN LÍNEA. NECESITAS UN AMIGO Y DOS LÁPICES DE COLORES O FICHAS DE DOS COLORES. COMIENZAS COLOREANDO UN CÍRCULO DE LA LÍNEA INFERIOR. LEE LA PALABRA. TOMAN TURNOS. EL PRIMERO EN COLOREAR 4 CÍRCULOS EN LÍNEA GANA.

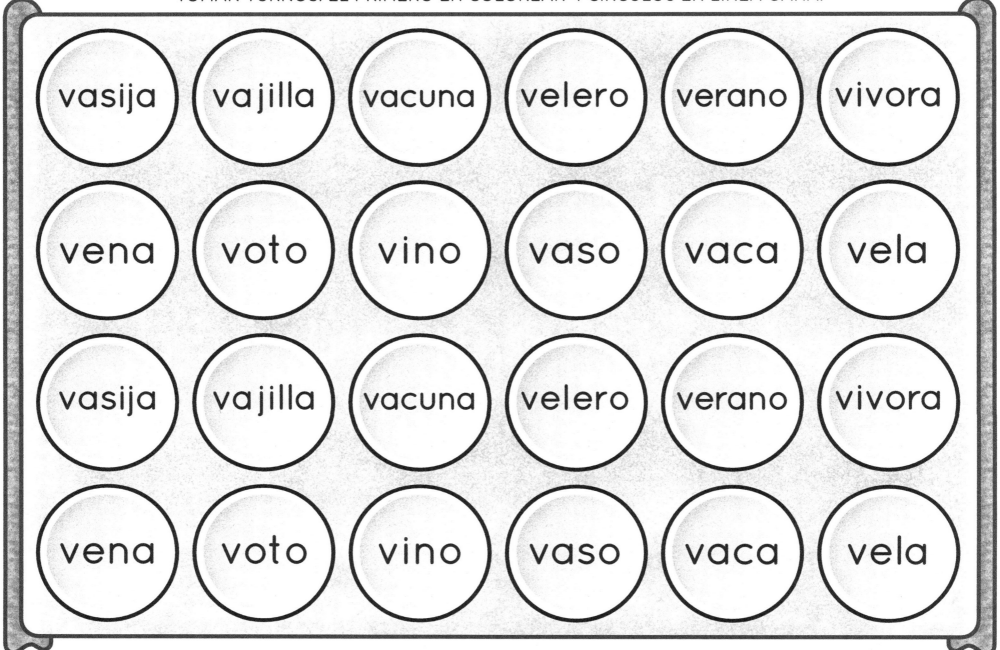

ORDENA LAS LETRAS PARA FORMAR LAS PALABRAS.

ENUNCIADO ENUNCIADO ENUNCIADO ENUNCIADO ENUNCIADO ENUNCIADO ENUNCIADO ENUNCIADO ENUNCIADO ENUNCIADO ENUNCIADO ENUNCIADO ENUNCIADO ENUNCIADO

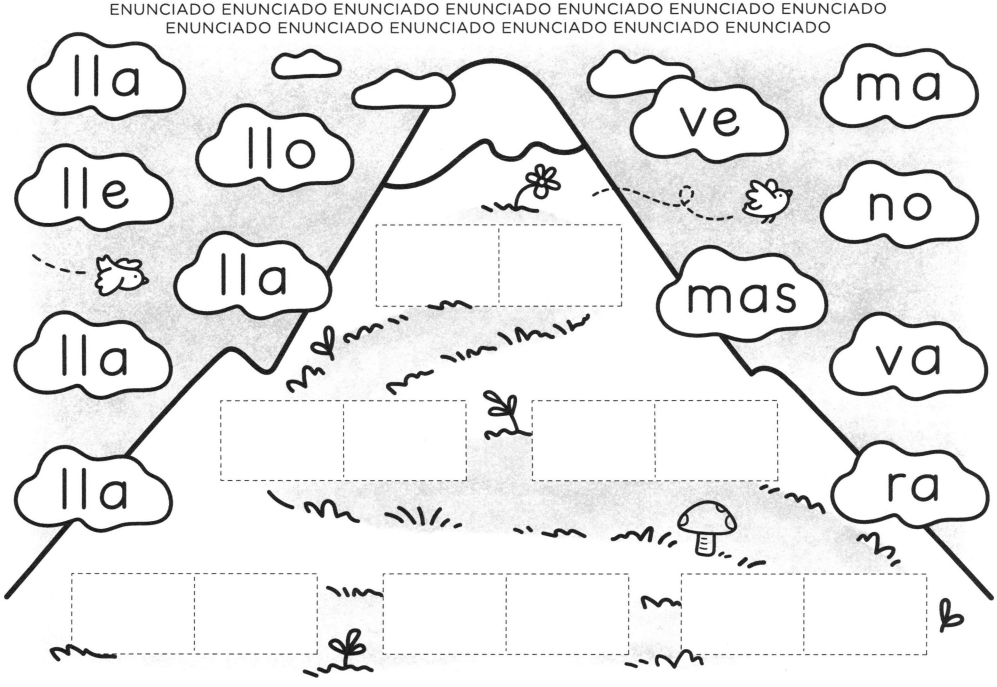

JUEGO: CUATRO EN LÍNEA. NECESITAS UN AMIGO Y DOS LÁPICES DE COLORES O FICHAS DE DOS COLORES. COMIENZAS COLOREANDO UN CÍRCULO DE LA LÍNEA INFERIOR. LEE LA PALABRA. TOMAN TURNOS. EL PRIMERO EN COLOREAR 4 CÍRCULOS EN LÍNEA GANA.

ORDENA LAS LETRAS PARA FORMAR LAS PALABRAS.

ENUNCIADO ENUNCIADO ENUNCIADO ENUNCIADO ENUNCIADO ENUNCIADO ENUNCIADO ENUNCIADO ENUNCIADO ENUNCIADO ENUNCIADO ENUNCIADO ENUNCIADO ENUNCIADO

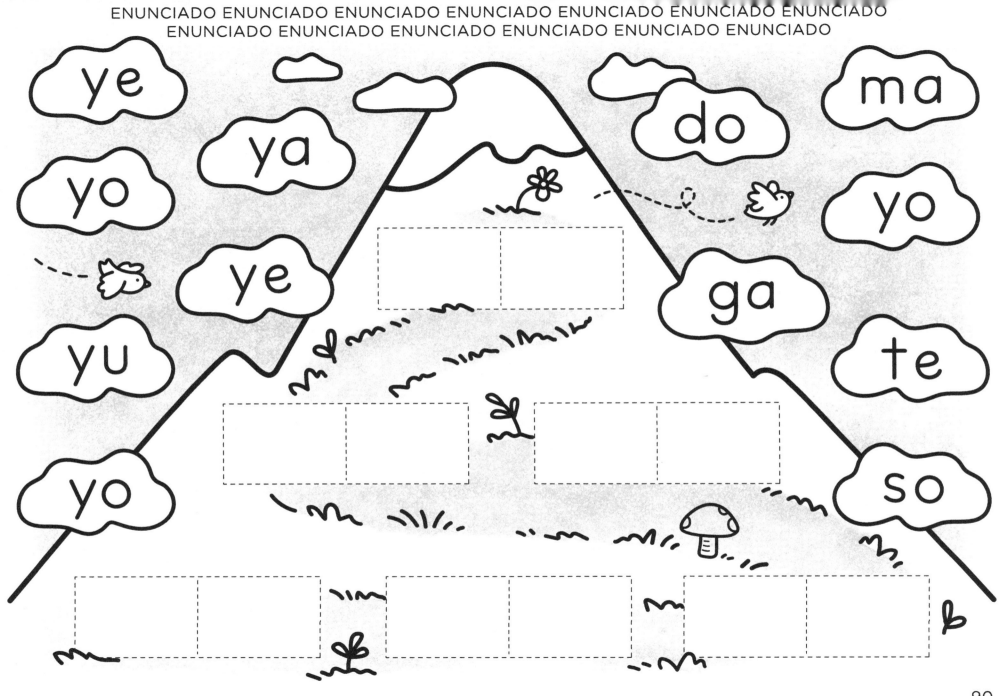

JUEGO: CUATRO EN LÍNEA. NECESITAS UN AMIGO Y DOS LÁPICES DE COLORES O FICHAS DE DOS COLORES. COMIENZAS COLOREANDO UN CÍRCULO DE LA LÍNEA INFERIOR. LEE LA PALABRA. TOMAN TURNOS. EL PRIMERO EN COLOREAR 4 CÍRCULOS EN LÍNEA GANA.

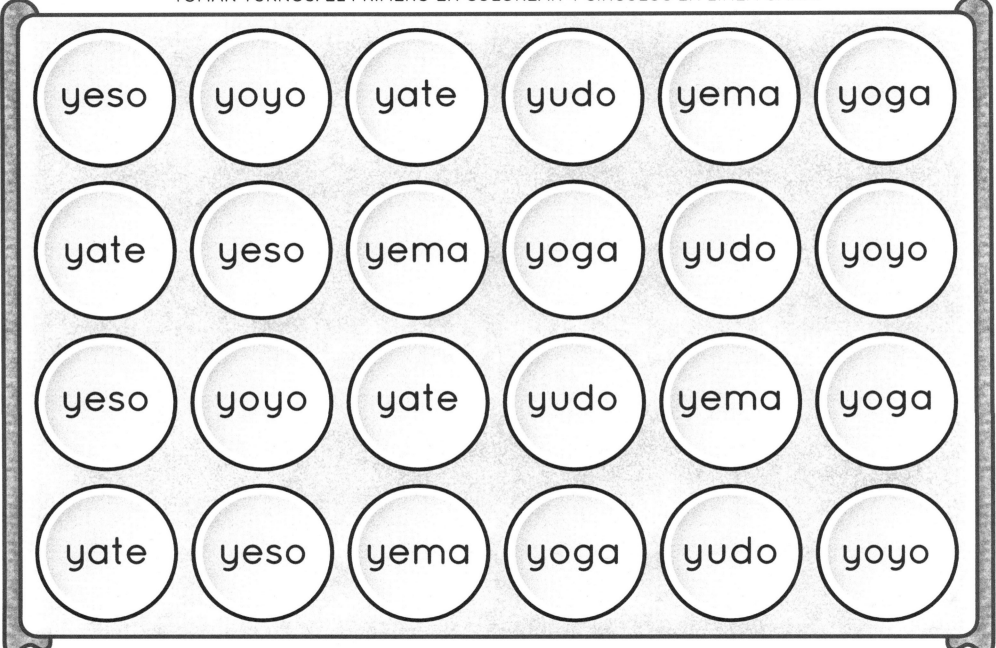

ORDENA LAS LETRAS PARA FORMAR LAS PALABRAS.

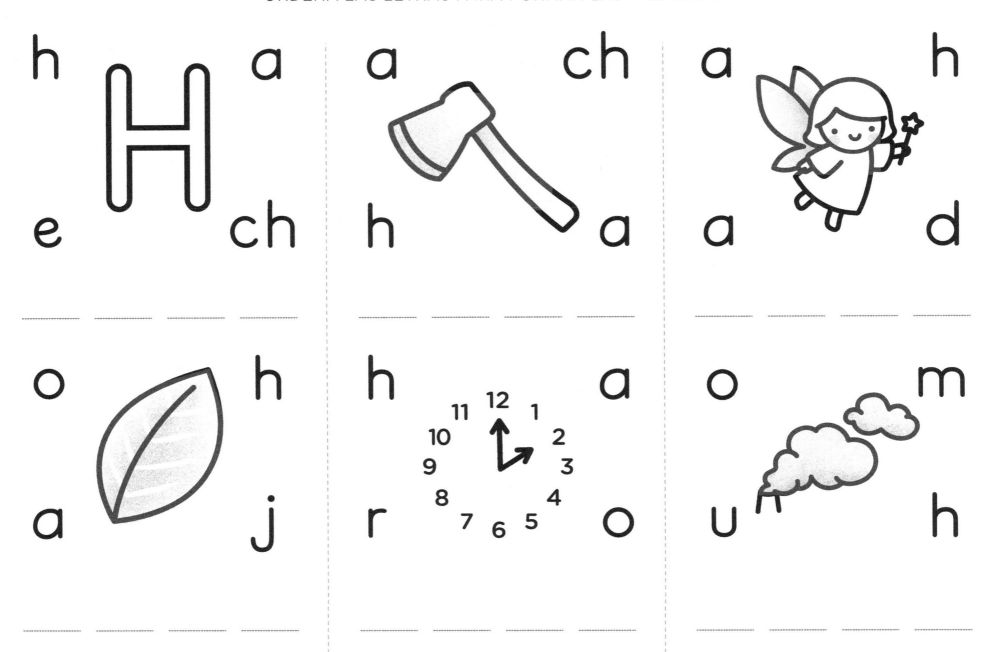

ENUNCIADO ENUNCIADO ENUNCIADO ENUNCIADO ENUNCIADO ENUNCIADO ENUNCIADO ENUNCIADO ENUNCIADO ENUNCIADO ENUNCIADO ENUNCIADO ENUNCIADO

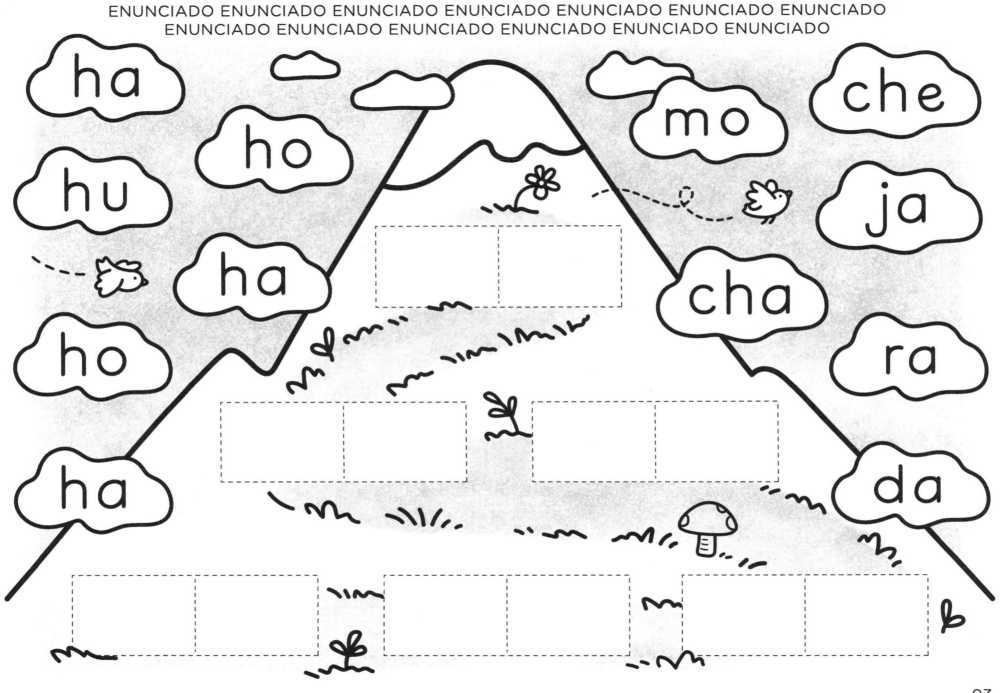

COMPLETA LAS PALABRAS CON LAS VOCALES QUE FALTAN. ESCRIBE LAS SÍLABAS EN LAS CAJITAS PARA FORMAR LA PALABRA. ESCRIBE LA PALABRA COMPLETA SOBRE LA LÍNEA.

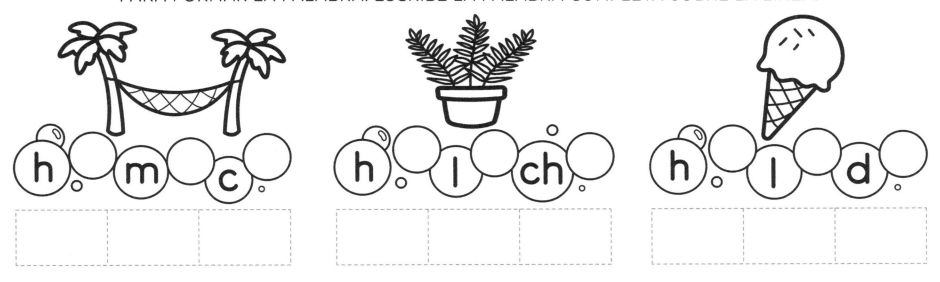

SOPA DE SÍLABAS. FORMA PALABRAS CON LAS SÍLABAS QUE ENCUENTRAS EN EL PLATO DE SOPA. LAS PALABRAS LAS APRENDISTE EN LA PÁGINA ANTERIOR.

JUEGO: CUATRO EN LÍNEA. NECESITAS UN AMIGO Y DOS LÁPICES DE COLORES O FICHAS DE DOS COLORES. COMIENZAS COLOREANDO UN CÍRCULO DE LA LÍNEA INFERIOR. LEE LA PALABRA. TOMAN TURNOS. EL PRIMERO EN COLOREAR 4 CÍRCULOS EN LÍNEA GANA.

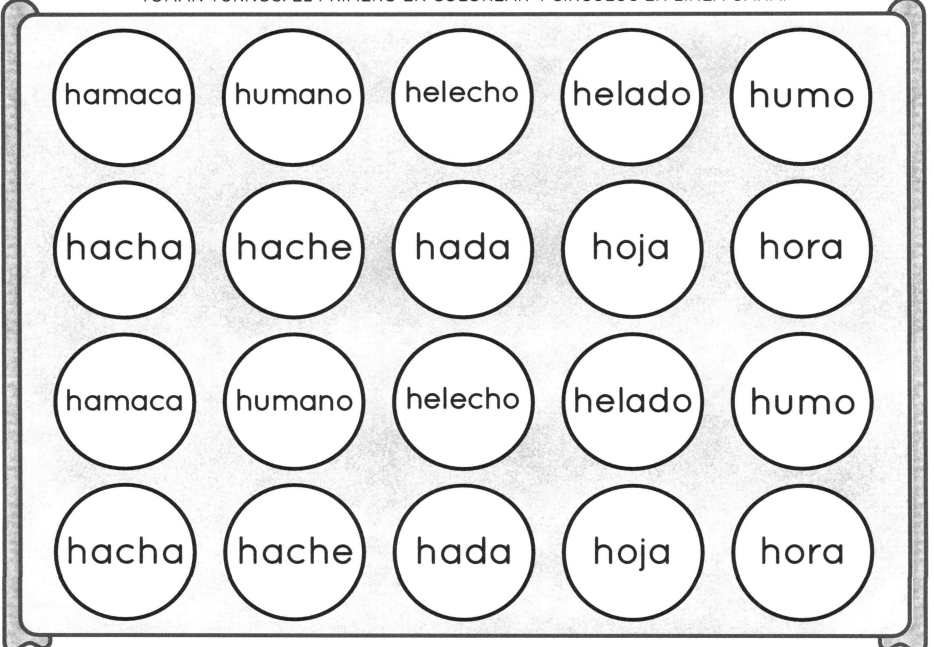

ORDENA LAS LETRAS PARA FORMAR LAS PALABRAS.

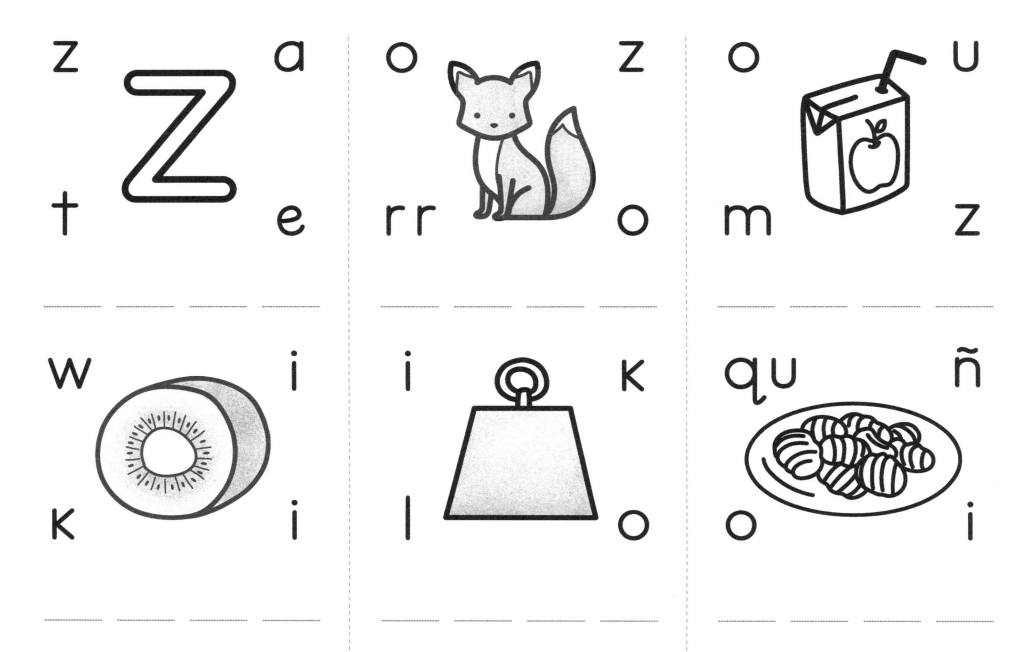

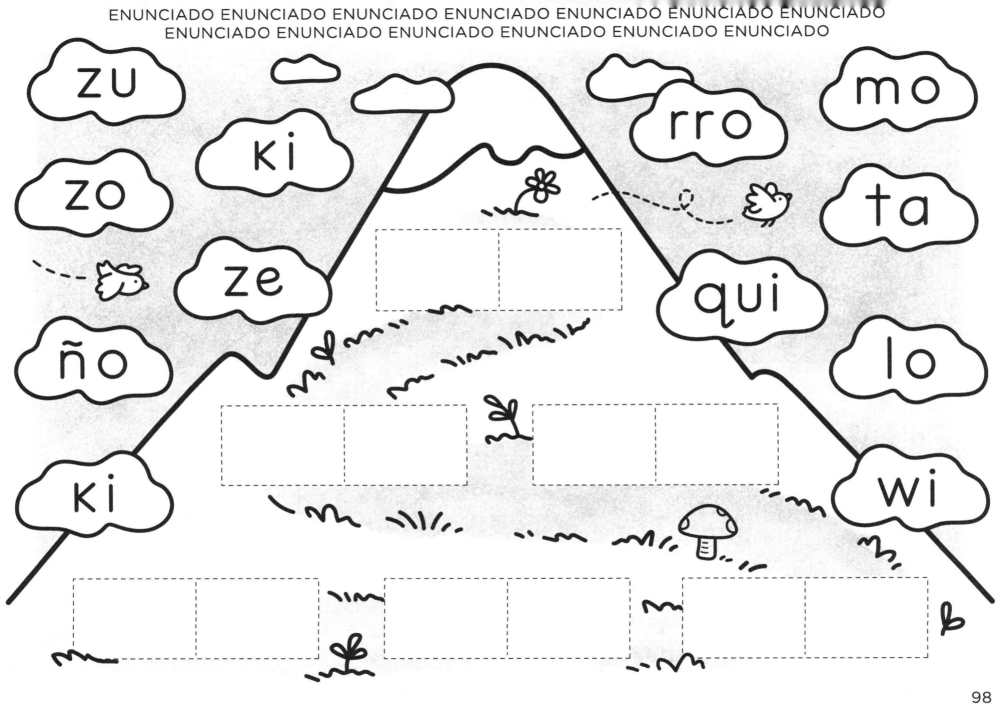

COMPLETA LAS PALABRAS CON LAS VOCALES QUE FALTAN. ESCRIBE LAS SÍLABAS EN LAS CAJITAS PARA FORMAR LA PALABRA. ESCRIBE LA PALABRA COMPLETA SOBRE LA LÍNEA.

SOPA DE SÍLABAS. FORMA PALABRAS CON LAS SÍLABAS QUE ENCUENTRAS EN EL PLATO DE SOPA. LAS PALABRAS LAS APRENDISTE EN LA PÁGINA ANTERIOR.

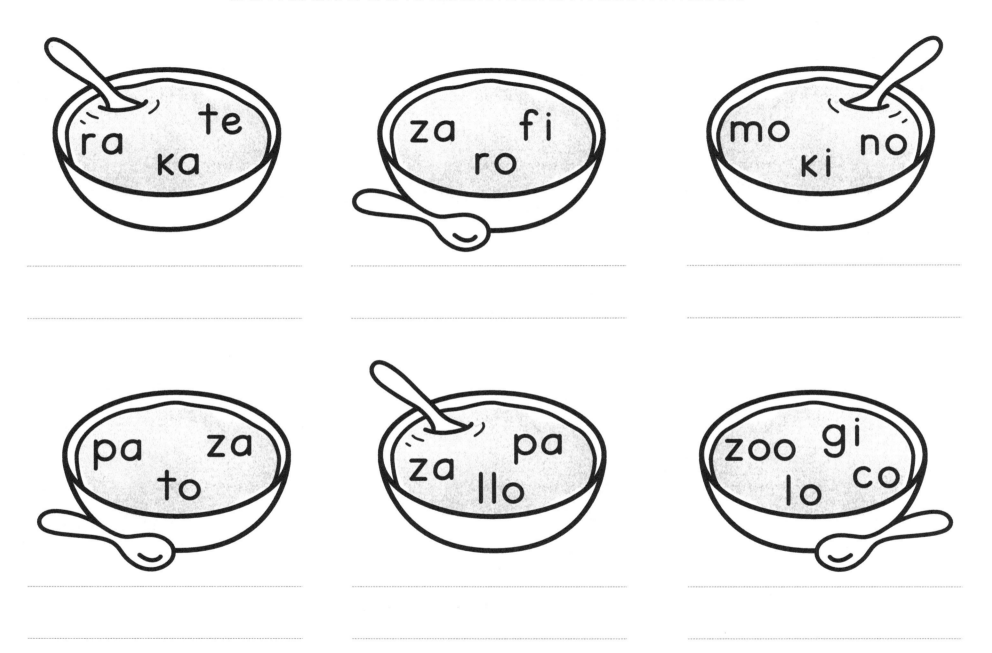

JUEGO: CUATRO EN LÍNEA. NECESITAS UN AMIGO Y DOS LÁPICES DE COLORES O FICHAS DE DOS COLORES. COMIENZAS COLOREANDO UN CÍRCULO DE LA LÍNEA INFERIOR. LEE LA PALABRA. TOMAN TURNOS. EL PRIMERO EN COLOREAR 4 CÍRCULOS EN LÍNEA GANA.

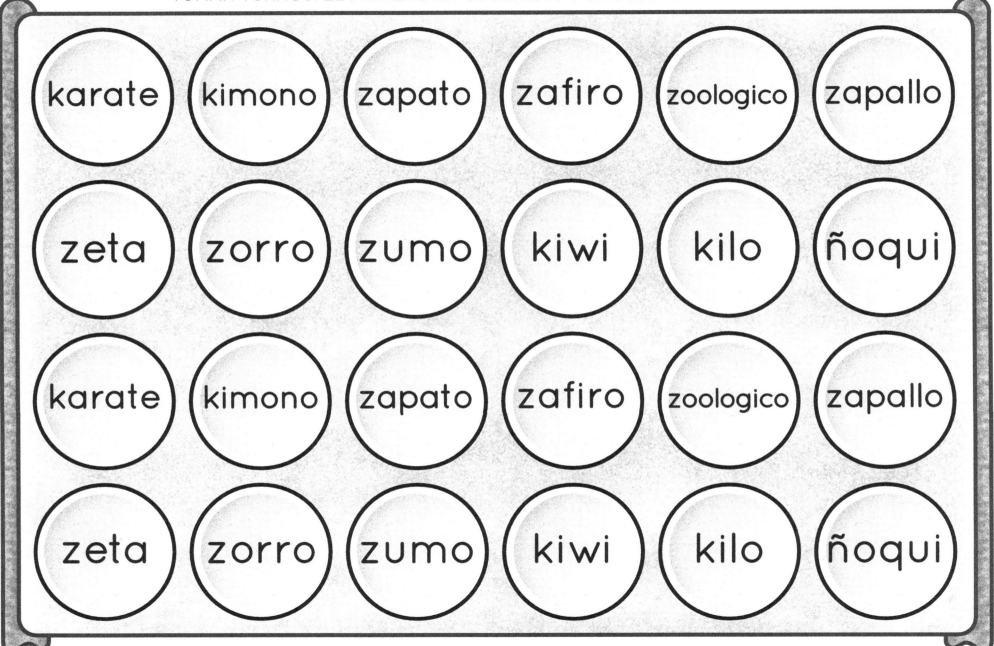

ÍNDICE

ÍNDICE

novillo		fecha		docena		cena		jota
bote		foto		dibujo		queso		juega
bate		fila		derecha		cine		japonesa
baño		felino		debajo		cima		jarabe
buda		fogata		casa		quema		juguete
buque		figura		caja		cero		jirafa
boda		fichero		calle		cebolla		jabalina
banana		filete		codo		cepillo		jinete
bigote		dado		cubo		celular		gato
bellota		dama		cola		quijote		gorra
becerro		dedo		caballo		quinoto		gota
ballena		dique		conejo		cigarra		garra
botella		doce		cocina		jarra		gallo
foca		duna		cuchara		jugo		gafas
faro		domino		cuchillo		jefe		gallina
foco		dinero		comida		joya		ganado

ÍNDICE

- gusano
- gacela
- gasolina
- gorila
- gema
- gira
- guiso
- guiño
- guerra
- genero
- gitana
- gemelos
- guitarra
- guerrero
- guijarros
- chile

- chivo
- chelo
- cheque
- choque
- choza
- chaleco
- chalina
- chocolate
- chaqueta
- chorizo
- chuleta
- vaca
- vaso
- vela
- vena
- voto

- vino
- vasija
- vajilla
- vacuna
- velero
- verano
- vívora
- llave
- llama
- llora
- llamas
- lleva
- llano
- yate
- yeso
- yema

- yoga
- yuca
- yoyo
- hache
- hacha
- hada
- hoja
- hora
- humo
- hamaca
- helecho
- helado
- humano
- hipopotamo
- zeta
- zorro

- zumo
- kiwi
- kilo
- ñoqui
- kimono
- zapato
- zafiro
- karate
- zoologico
- zapallo

Made in the USA
Las Vegas, NV
21 May 2024